Andrea Köhrsen

FLOSSE, TATZE, ZOTTELFELL

Tiere und ihre Merkmale
kennenlernen

KOSMOS

INHALT

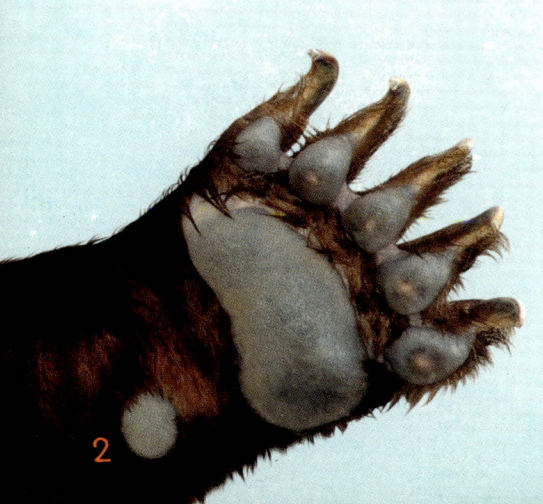

ZU DIESEM BUCH

In diesem Buch werden über 250 Tierarten vorgestellt. Viele davon kennst du sicher, von anderen hast du wahrscheinlich noch nie gehört. So geht es auch Erwachsenen und sogar manchen Biologen!

Weil es in diesem Buch um bestimmte Merkmale geht, siehst du oft nur einen Teil des Tieres, zum Beispiel eine Nase. Dann kannst du versuchen, das Tier zu erraten! Und wenn du mehr über ein Tier wissen möchtest, schlag es einfach in einem Lexikon nach.

Manche Tiere kommen auch mehrfach vor. Zum Beispiel der Elefant mit seinem langen Rüssel und den großen Ohren.

Wenn du ein Kapitel zu einem bestimmten Merkmal angeschaut hast, blättere doch mal durch das Buch: Findest du in anderen Kapiteln noch mehr passende Tiere?

DIE VERRÜCKTEN IDEEN DER NATUR

DAS PANTHER-CHAMÄLEON
lebt nur auf Madagaskar, sonst nirgendwo. Solche Arten nennt man »endemisch«. Auf Madagaskar gibt es besonders viele verrückte Tiere.

DER KOALA
ist ein australisches Beuteltier. Er verbringt den Tag am liebsten schlafend in Astgabeln und frisst nur Eukalyptusblätter. Und davon auch nur bestimmte Sorten. Wenn das nicht verrückt ist!

Auf der Erde leben mehrere Millionen Tierarten – und der Mensch ist nur eine einzige unter ihnen. Jede Tierart hat ganz bestimmte Merkmale, die sie von allen anderen Arten unterscheidet. Manche haben Gemeinsamkeiten. Das hilft Biologen, die Tiere in Gruppen einzuteilen und den Sinn bestimmter Merkmale herauszufinden. Denn die Natur hat sich bei jedem ihrer verrückten Einfälle etwas gedacht. Es gibt Saugnapfarme und Schneeschuhfüße, riesige Ohren und scheinbar Ohrlose, fliegende Fische und flugunfähige Vögel. Manche Tiere tragen Waffen und einige tun so, als wären sie ein Blatt.

DAS MUFFLON
ist ein Wildschaf und der Urururahn unserer Hausschafe. Kaum vorstellbar, oder? Es ist ja weder weiß noch besonders wollig. In diesem Fall war es der Mensch, der die Veränderung herbeiführte: Er züchtete aus dem Wildschaf einen weißen Wolllieferanten. Es gibt also auch Tiermerkmale, die sich die Natur nicht selbst ausgedacht hat.

Die Artenvielfalt der Tiere hängt mit den unterschiedlichen Lebensräumen unserer Erde zusammen: eisige Polargebiete und heiße Wüsten, tropische Regenwälder und Buchenwälder, die sich im Winter komplett verwandeln. Außerdem Felder, Flusslandschaften und das größte Ökosystem der Welt: das Meer. Forscher nehmen an, dass es auf unserer Erde noch ganz viele unentdeckte Arten gibt. Gleichzeitig verschwinden aber immer mehr Arten, weil ihre Lebensräume zerstört werden. Das können wir Menschen nur aufhalten, wenn wir uns stärker für den Schutz der Artenvielfalt einsetzen.

GESPENST-SCHRECKEN
tun so, als wären sie Blätter oder Zweige. Völlig verrückt!

Rotfuchs

Fennek

Polarfuchs

FÜCHSE
haben sich an unterschiedliche Lebensräume angepasst. Der Fennek hat riesige Ohren, mit denen er sich in der heißen Wüste abkühlen kann. Der Polarfuchs hat kleine Ohren und ein dichtes weißes Fell. So ist er bestens gegen Kälte geschützt und im Schnee gut getarnt.

GALERIE DER LEBENSRÄUME

1. FLÜSSE UND SEEN sind der Lebensraum vieler Tiere, die Wasser und Luft zum Leben brauchen, wie Libellen, Frösche und Wasservögel.

2. In der afrikanischen SAVANNE gibt es viel Gras, aber wenig Bäume. Giraffen fressen die Blätter, an die sonst keiner herankommt.

3. In den OZEANEN leben die größten Tiere der Erde – und auch die kleinsten. Das kleinste ist ein unsichtbarer Einzeller namens »Reitender Urzwerg«. Dazwischen gibt es Fische, Krebse und Weichtiere in allen Farben und Größen. Viele leben im Korallenriff, einem Lebensraum für sich. Korallen sind übrigens auch Tiere und keine Pflanzen. Man nennt sie Blumentiere.

4. DER REGENWALD unterteilt sich in Etagen – vom Keller (Wurzeln) bis zum Dachboden (Baumkronen). Jede Etage ist ein Lebensraum für sich und beherbergt Vögel, Insekten, Frösche, Affen und noch viele andere Tiere. Nachts ist es hier sehr laut!

5. DIE EUROPÄISCHEN WÄLDER verändern sich im Gegensatz zum immergrünen Regenwald im Laufe des Jahres sehr stark. Unsere Waldtiere brauchen also Strategien zum Überleben im Winter.

6. WILDE WIESEN sind ein Paradies für Schmetterlinge, Bienen und viele andere Insekten. Für uns Menschen sind diese Tiere lebenswichtig, denn sie bestäuben die Blüten der Obstbäume und Gemüsepflanzen.

7. DAS WATTENMEER entsteht durch Ebbe und Flut. Bei Ebbe suchen Wattvögel wie der Austernfischer im freigelegten Meeresboden nach Muscheln und Würmern.

Wer in der WÜSTE lebt, muss mit Trockenheit, Sandstürmen und Nahrungsmangel klarkommen. Kamele haben verschließbare Nasenlöcher und speichern in ihren Höckern Fettreserven. Wenn sie zufällig auf eine Wasserquelle stoßen, trinken sie bis zu 150 Liter am Stück!

HÜPFEN, KRIECHEN, FLIEGEN

DIE FORTBEWEGUNG DER TIERE

Ochsenfrosch

Grashüpfer

Feldhase

Lange, muskulöse Hinterbeine weisen darauf hin, dass ein Tier springen kann. Du findest sie zum Beispiel bei Fröschen, Heuschrecken, Hasen und Kängurus.

Alle Landwirbeltiere haben vier Beine. Man nennt sie deshalb auch »Tetrapoden«, das bedeutet Vierfüßer. Alle? Nein, da geht es schon los mit den Ausnahmen: Die Beine der Schlangen sind im Laufe der Evolution verschwunden. Aber von vorn: Alles Leben der Erde begann im Wasser. Einige Tiere gingen auf Flossen an Land – und entwickelten Beine. Zuerst gab es nur Amphibien, die an Land und im Wasser leben. Dann kamen die Reptilien, die Dinosaurier und die ersten Säugetiere. Als die Dinosaurier ausstarben, hatten die Säugetiere mehr Platz. Sie wurden größer und vielfältiger. Vögel stammen von Dinosauriern ab, die zum Schutz gegen Kälte Federn entwickelten. Die Flügel der Vögel sind umgewandelte Vorderbeine, man nennt sie auch Armschwingen. Die meisten Tierarten sind aber weder auf zwei noch auf vier Beinen unterwegs, sondern auf sechs: Die größte Gruppe sind nämlich die Insekten.

DER SEEHUND kann an Land nur robben, doch im Wasser ist er schnell und wendig. Das ist bemerkenswert, weil er ein Säugetier ist. Seine Vorfahren lebten einst an Land. Im Laufe der Evolution verwandelten sich die Beine in Flossen. Sie haben sogar noch Krallen, mit denen der Seehund sich kratzen und sein Fell pflegen kann.

ZWEIBEINER nennt man uns Menschen, weil wir aufrecht gehen. Die wahren Zweibeiner sind aber die Vögel. Hier startet ein KRANICH mit Anlauf den Abflug.

Unser nächster Verwandter: der Schimpanse.

KÄNGURUS haben sehr kurze Vorderbeine. Sie nutzen ihren Schwanz zum Abstützen wie ein fünftes Bein.

SCHIMPANSEN haben längere Arme als Beine. Damit hangeln sie sich von Ast zu Ast. Beim Gehen stützen sie sich meist auf ihre Fingerknöchel.

BÄREN stellen sich auf die Hinterbeine, um sich einen Überblick zu verschaffen. Manchmal laufen sie dabei los, aber nur wenige Schritte.

GALERIE DER NULL- UND VIELFÜSSER

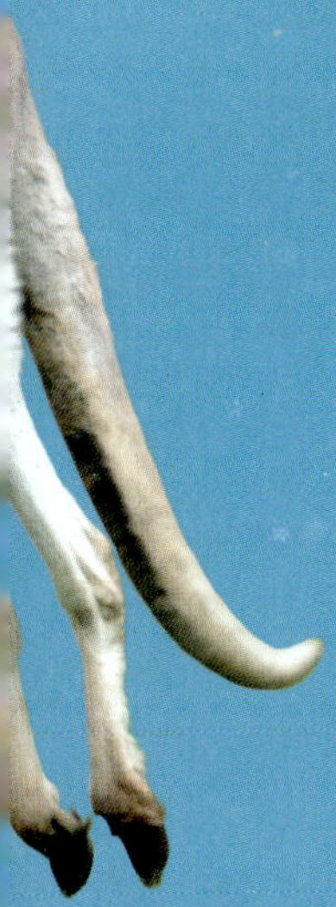

1. SCHNECKEN haben zwar keine Beine, aber einen Fuß. Ihre Fußsohle sondert eine Schleimspur ab, auf der sie entlanggleiten. Aber eigentlich rutschen sie auf dem Bauch, man nennt sie deshalb auch Bauchfüßer.

2. MUSCHELN haben ebenfalls einen Fuß. Damit können sie sich eingraben oder abstoßen, um sich fortzubewegen. Er sieht aus wie eine Zunge.

3. SEESTERNE haben keine Beine, sondern Arme. Der Gewöhnliche Seestern hat fünf davon, es gibt aber auch Arten mit 20 oder noch mehr Armen. Auf der Unterseite der Arme befinden sich viele winzige Saugfüßchen. Damit bewegt sich der Seestern fort und kann fest verschlossene Muscheln öffnen.

4. SPINNEN haben acht Beine. Zu den Spinnentieren gehören auch Milben, Zecken und Skorpione. Manche Spinnen tun so, als wären sie ein Insekt. Wenn du mal nicht sicher bist, zähl einfach die Beine.

5. INSEKTEN wie zum Beispiel die Küchenschabe haben sechs Beine. Die Tiergruppe der Insekten ist riesig! Dazu gehören Fliegen, Mücken, Ameisen, Bienen, Käfer, Schmetterlinge, Libellen und viele andere Arten.

6. TAUSENDFÜSSER haben gar nicht tausend Füße! Der Rekord liegt bei ungefähr 350 Beinpaaren, also 700 Füßen. Die Zahl der Beine hängt von der Anzahl der Körpersegmente ab: An jedem Ring sitzen zwei Beinpaare.

7. REGENWÜRMER bewegen sich fort, indem sie ihre Körperringe zusammenziehen und strecken. Winzige Borsten verhindern das Wegrutschen – ähnlich wie Spikes an Fußballschuhen.

8. KRAKEN haben acht lange, mit Saugnäpfen besetzte Fangarme. Es gibt auch zehnarmige Tintenfische wie Sepien und Kalmare. Allen gemeinsam ist, dass die Arme direkt am Kopf beginnen. Man nennt sie deshalb Kopffüßer.

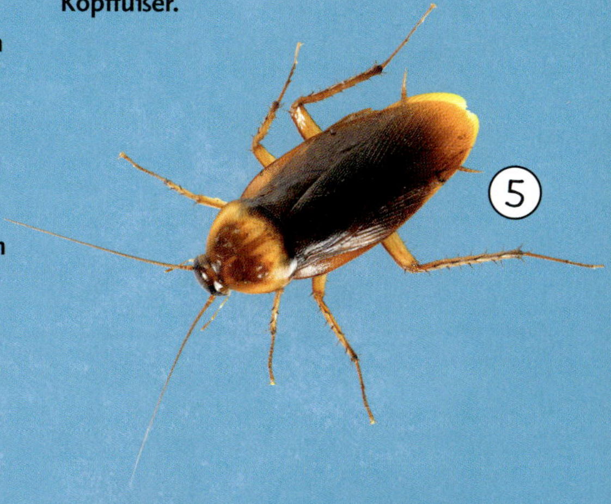

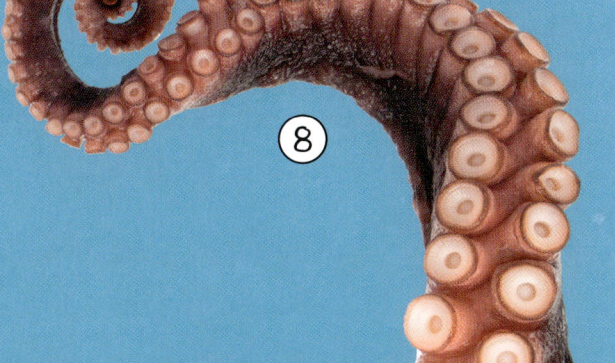

SCHERE, SCHAUFEL, SCHARFE KRALLE:

PFOTEN HOCH!

Was ist das Besondere an deinen Händen? Genau: der Daumen! Er steht den anderen Fingern gegenüber, deshalb kannst du Dinge greifen und festhalten. Mit deinen Füßen geht das nicht so gut. In der Tierwelt sind Greifhände selten, du findest sie fast nur bei Primaten. Manche Affen haben sogar Daumen an den Füßen! Vögel haben eine abgespreizte Zehe und scharfe Krallen. Damit können sie sich an Äste klammern. Krallen sind auch nützlich zum Klettern. Raubtiere nutzen sie als scharfe Waffe. Wer Tunnel gräbt, hat Schaufelhände, wer viel schwimmt, trägt Schwimmflossen. Und dann gibt es noch Huftiere. Sie stehen oft lange herum und grasen, müssen bei Gefahr aber schnell wegrennen können. Deshalb sind ihre Zehen durch den Huf besonders gut geschützt.

KREBSE haben zwei Scheren. Oft ist eine stärker als die andere.

FRÖSCHE haben hinten fünf längere Zehen mit Schwimmhäuten, vorne nur vier. Dass Laubfrösche ohne Krallen klettern können, liegt an den Haftscheiben unter ihren Zehen.

GECKOS haben unter den Zehen Haftlamellen, die mit Millionen winziger Härchen besetzt sind. Forscher vermuten, dass sie sich durch Reibung elektrisch aufladen. Deshalb können Geckos Wände senkrecht hochlaufen.

DER BLAUFUSSTÖLPEL beeindruckt mit seinen blauen Füßen die Weibchen. Er hat sogar einen Tanz einstudiert, bei dem die Füße besonders gut zur Geltung kommen.

1. LANDSCHILDKRÖTEN haben oft verwachsene Zehen, du erkennst sie nur an den Nägeln.

2. KROKODILE haben Krallen, aber nicht an jedem Zeh!

3. ENTEN brauchen vor allem Schwimmhäute. Die Krallen verhindern, dass sie an Land ausrutschen.

4. GREIFVÖGEL packen mit den »Fängen« ihre Beute. Die meisten Vögel haben vier Zehen.

5. DER STRAUSS ist als Laufvogel viel auf seinen Füßen unterwegs. Er ist der einzige Vogel mit zwei Zehen.

6. KAMELE haben auch nur zwei Zehen. Sie gehen auf Fettpolstern und heißen darum Schwielensohler.

7. ELEFANTENFÜSSE sehen aus wie Säulen. Aber in Wirklichkeit laufen Elefanten auf den Zehenspitzen! Sie haben wie du fünf Zehen.

8. SCHWEINE haben vier Zehen an der »Klaue«: zwei vorne und zwei hinten. Sie sind Paarhufer.

9. PFERDE besitzen nur einen Zeh. Dafür ist dieser besonders stark und vom Huf geschützt.

10. BÄREN haben große Tatzen mit fünf langen Krallen. Eisbären verfügen über Schwimmhäute und behaarte Sohlen, damit sie keine kalten Füße kriegen und nicht ausrutschen.

11. KATZEN schleichen auf Samtpfoten umher – und fahren plötzlich ihre Krallen aus! Das können nur Katzen. Die Pfoten von Raubkatzen nennt man Pranken.

12. HUNDE laufen auf ihren Zehen. So können sie besonders schnell rennen.

13. DER MAULWURF hat vorne zwei große Baggerschaufeln. Seine Hinterpfoten sind kleiner.

14. GORILLAS haben keine Krallen, sondern Nägel wie du. Ihre Füße benutzen sie wie Hände.

15. DER KOALA hat absolut einzigartige Hände: Neben starken Krallen besitzt er zwei Daumen!

16. DER WASCHBÄR hat keinen richtigen Daumen, kann mit seinen langen Fingern aber dennoch Dinge festhalten. Er tastet seine Nahrung mit den Händen ab, als könnte er mit ihnen sehen.

17. DAS DREIFINGER-FAULTIER hat wie viele Finger? Richtig! Die anderen zwei sind zurückgebildet, weil das Faultier sie nicht braucht. Mit den Hakenkrallen kann es sich prima an Äste hängen.

9

SCHWINGE, FLUGHAUT, ZARTE FLÜGEL:

FLUG-AKROBATEN

Muss fliegen schön sein! Das denken sich Menschen schon seit Jahrhunderten und erfinden immer neue Hilfsmittel, um durch die Luft zu segeln wie ein Vogel. Die Natur ist genauso erfinderisch: Es gibt Echsen, Hörnchen und sogar Frösche, die mithilfe von Flughäuten gleiten und dadurch sehr weit springen können. Doch wirklich fliegen können nur Vögel, Fledertiere und Fluginsekten. Die zarten Flügel der Insekten sind ein wahres Wunderwerk der Natur. Sie tragen sogar dicke Hummeln! Bei den Vögeln klappt das nicht immer. Manch großer Vogel hat Probleme beim Starten und Landen und einige können überhaupt nicht fliegen. Bei Fledertieren hingegen sind die Flughäute oft das einzige Mittel zur Fortbewegung, denn viele Arten haben sehr kurze Beine.

DER KALONG

ist ein großer Flughund aus Südostasien und ein Verwandter der Fledermäuse. Die Fledertiere sind die einzigen Säugetiere, die wirklich fliegen können.

SCHMETTERLINGE

wie dieser Blaue Morphofalter flattern von Blüte zu Blüte und saugen mit ihrem langen Rüssel Nektar. Sie haben vier zarte Flügel. Die Unterseiten sehen oft ganz anders aus als die Oberseiten.

FLUGDRACHEN gibt es wirklich!

Sie speien aber kein Feuer und haben auch keine richtigen Flügel, sondern Flughäute an den Rippen. Damit gleiten sie in den Regenwäldern Südostasiens von Baum zu Baum.

DER WANDER-ALBATROS

segelt mit 3,5 m Flügelspanne elegant durch die Luft, hat aber Startschwierigkeiten. Er zählt zu den größten flugfähigen Vögeln der Welt.

DIE BIENENELFE,

ein Kolibri, gilt als kleinster Vogel. Kolibris schlagen rasend schnell mit den Flügeln und scheinen in der Luft zu stehen.

DER MAUERSEGLER

hat sehr kurze Beine. Längere braucht er nicht, denn er verbringt fast sein ganzes Leben in der Luft. Er schläft sogar im Flug.

LIBELLEN sind die Starpiloten

unter den Insekten. Sie können extrem beschleunigen, abrupt stehen bleiben, die Richtung wechseln und rückwärts fliegen.

GALERIE DER SCHWIMMFLÜGEL

③ ④ ⑤

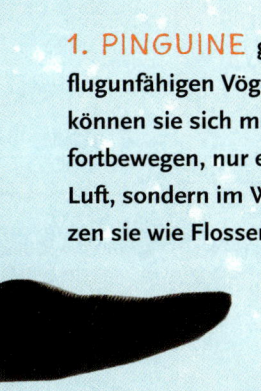

①

1. PINGUINE gehören zu den flugunfähigen Vögeln. Trotzdem können sie sich mit ihren Flügeln fortbewegen, nur eben nicht in der Luft, sondern im Wasser. Sie benutzen sie wie Flossen.

2. DER PAPAGEIENTAUCHER kann beides: fliegen und tauchen. Er bewegt sich unter Wasser mithilfe seiner Flügelschläge fort. Man nennt ihn deshalb »Flügeltaucher«.

②

3. DER SCHWALBEN-FISCH gehört zur Familie der fliegenden Fische, die im Atlantik und im Mittelmeer leben. Bei Gefahr springt er aus dem Wasser, breitet seine Flossen aus und gleitet bis zu 200 m durch die Luft.

4. TEUFELSROCHEN bewegen ihre Flossen, als wären es Flügelschwingen. Damit fahren die riesigen Fische auch fort, wenn sie aus dem Wasser springen. Trotzdem schaffen sie keinen echten Flug, sondern landen mit einem Bauchklatscher wieder im Wasser. Warum sie das tun, ist noch ein Rätsel.

5. DIE SEEFLEDERMAUS ist ein seltsamer Fisch, der am Meeresgrund lebt. Fliegen kann er nicht – aber auch nicht wirklich schwimmen. Seine Flossen sehen aus wie Beine, und so benutzt er sie auch: Er krabbelt damit über den Meeresboden.

Kann auch nicht fliegen, aber richtig schnell rennen: der **AFRIKANISCHE STRAUSS.**

DER KIWI fällt als Vogel völlig aus der Rolle: Seine Flügel sind kaum vorhanden und sein Gefieder sieht aus wie ein Fell. Als Ureinwohner Neuseelands hatte er ursprünglich kaum Feinde, vor denen er hätte fliehen müssen. Erst als die Europäer Neuseeland besiedelten und neue Raubtiere ins Land brachten, hätte er Flügel gebraucht.

BÜRZEL, BLUME, WICKELSCHWANZ:

DAS FÜNFTE BEIN

GORILLAS haben keinen Schwanz – wie alle Menschenaffen.

Uns Menschen fehlt etwas, das fast alle Wirbeltiere und auch Fische besitzen: der Schwanz. Warum ist das so? Ganz einfach: Wir brauchen ihn nicht. Alles Überflüssige bildet sich in der Natur zurück und verschwindet aus dem Bauplan. Du kannst aber noch fühlen, wo bei den Vorfahren der Menschen der Schwanz ansetzte: am Knochenhubbel über dem Po, dem Steißbein. Für viele Tiere ist der Schwanz sehr wichtig bei der Fortbewegung. Sie halten damit beim Klettern, Balancieren und Anschleichen das Gleichgewicht. Im Wasser dient er als Antriebsmotor und beim Fliegen als Steuer. Für manche Tierarten ist er außerdem ein praktisches Werkzeug. Man kann ihn zum Beispiel als Greifarm, Fliegenklatsche, Anker oder Kuscheldecke benutzen.

Wenn DAS STINKTIER seinen Schwanz hebt, dann nichts wie weg! Mit Glück ist es nur eine Drohgebärde. Es kann die Flüssigkeit aus seinen Stinkdrüsen bis zu 6 m weit spritzen. Den Geruch nach faulen Eiern wirst du nur schwer wieder los.

FRÖSCHE kommen als Kaulquappen im Wasser zur Welt – dort ist ein Schwanz sehr nützlich! Nach und nach verwandeln sie sich in Frösche. Dabei bildet sich der Schwanz zurück.

HUNDE »sprechen« mit ihrem Schwanz. Wedelt ein Hund mit dem Schwanz, ist er in heller Vorfreude. Ein aufgestellter Schwanz bedeutet Wachsamkeit, ein eingezogener Angst.

DER KANINCHEN-SCHWANZ heißt Blume. Beim Wildkaninchen ist sie unten hell. Zeigt es die Unterseite, ist das ein Alarmsignal an seine Artgenossen.

DIE STOCKENTE streckt ihr Schwänzchen in die Höh', wenn sie am Wassergrund nach Nahrung sucht. Den Schwanzansatz nennt man Bürzel. Jäger bezeichnen so aber auch die kurzen Schwänze von Dachsen, Bären und Wildschweinen.

GALERIE DER PRAKTISCHEN SCHWÄNZE

1. KLAMMERAFFEN haben eine Greifkraft im Schwanz, die den anderen Gliedmaßen in nichts nachsteht. Schwanz, Fuß oder Hand – für den Affen einerlei.

2. SEEPFERDCHEN müssen sich irgendwo festhalten, wenn sie nicht weiterschwimmen wollen. Dafür nutzen sie ihren Schwanz.

3. RINDER und andere Weidetiere wie Pferde nutzen die Schlagkraft ihres Schwanzes, um lästige Insekten zu verscheuchen.

4. DAS FLUSSPFERD setzt seinen Schwanz als Propeller ein und schleudert damit Kot und Urin durch die Gegend. So markiert es sein Revier.

5. DER ROTFUCHS braucht seinen Schwanz zum Balancieren – und als Kuscheldecke!

6. ELEFANTEN können mit ihrem hochsensiblen Schwanz tasten. Er schafft außerdem Kontakt zur Familie: Elefantenkinder halten sich mit ihrem Rüssel daran fest.

7. BIBER haben einen flachen, breiten Schwanz, der an ein Paddel erinnert. So benutzen sie ihn auch.

8. DAS EICHHÖRNCHEN erkennst du an seinem buschigen Schwanz, der wie ein Fragezeichen aussieht, wenn das Tier Nüsse knabbert. Aber wenn es von Baum zu Baum springt, nutzt es ihn wie ein Steuerruder.

DER BUCKELWAL braucht die Schwanzflosse als Antrieb – wie die Fische. Der Unterschied ist, dass sie bei Fischen senkrecht und bei Walen waagerecht ist. Die Schwanzflosse der Wale heißt Fluke.

EIDECHSEN können ihren Schwanz abwerfen, wenn ihnen ein Angreifer auf den Fersen ist. Er wächst dann etwas kürzer nach.

13

SCHUPPEN, WOLLE, FEDERKLEID

DIE KLEIDUNG DER TIERE

DAS ALPAKA wurde wegen seiner weichen Wolle schon von den Inkas gezüchtet. Es ist ein kleines, höckerloses Kamel aus Südamerika.

Wir Menschen sind von Natur aus nackt. Das hat Vor- und Nachteile. Der Vorteil ist, dass wir uns aussuchen können, was wir anziehen wollen. Unsere Kleidung ist nicht nur Schutz, sondern auch ein Ausdruck unserer Individualität. Der Nachteil ist, dass wir oft danebenliegen: zu kalt, zu warm, passt nicht, Regenjacke vergessen. Solche Probleme haben Tiere nicht. Sie tragen genau die Kleidung, die sie in ihrem Lebensraum brauchen. Vogelkleider sind aus Federn geschneidert, Fische und Reptilien haben Schuppenhäute und die meisten Säugetiere tragen Pelz. Als die Menschen noch keine Kleiderauswahl hatten, wärmten sie sich mit Tierfellen. Dafür gibt es schon lange keinen Grund mehr. Trotzdem werden immer noch Tiere wegen ihres Pelzes gejagt.

DER KÖNIGSPINGUIN scheint einen eleganten Frack aus feinstem Zwirn zu tragen. Er besteht aber aus unzähligen kleinen Federn, die der Pinguin mit einem Öl einfettet, damit sie das Wasser abweisen.

DER MANTELAFFE aus Afrika sieht so aus, als hätte er sich einen Fransenteppich über die Schulter gelegt. Wegen dieses angewachsenen »Mantels« wurde er lange Zeit von Menschen gejagt!

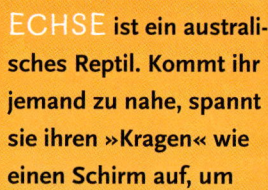

DIE KRAGEN-ECHSE ist ein australisches Reptil. Kommt ihr jemand zu nahe, spannt sie ihren »Kragen« wie einen Schirm auf, um größer und Furcht einflößend zu wirken.

DER GOLDFISCH trägt ein schillerndes Schuppenkleid.

HAUSSCHAFE werden geschoren, sobald sie ihren Wollmantel nicht mehr brauchen. Manche Schafe werden durch die dicke Wolle so schwer, dass sie alleine nicht mehr aufstehen können!

GALERIE DER NACKTEN

1. SALAMANDER gehören wie die Frösche zu den Lurchen. Anders als Eidechsen sind sie nackt. Ihre feuchte Haut ist ein zusätzliches Atemorgan.

2. DER NACKTMULL ist ein ziemlich verrücktes Nagetier aus Afrika. Er lebt in einem unterirdischen Staat mit einer Königin. Wenn ihm kalt wird, kuschelt er mit den anderen oder flitzt in die oberen Gänge, wo es wärmer ist.

3. KRAKEN tragen einen Mantel, obwohl sie doch völlig nackt sind – wie kann das sein? Als »Mantel« bezeichnet man bei Weichtieren wie Tintenfischen und Schnecken die Körperhülle, die die Organe schützt. Beim Kraken ist es das, was wie eine Knollennase aussieht.

4. DER AXOLOTL ist ein sehr seltsames Tier, das nur in zwei Seen in Mexiko vorkommt. Er ist ein Schwanzlurch, aber aus ungeklärten Gründen verbringt er sein ganzes Leben im Larvenstadium. Trotzdem kann er Nachwuchs bekommen.

5. DAS TRUTHUHN hat eine Glatze! Auch sein Hals ist nackt und faltig. Männchen haben zusätzlich einen Stirnlappen, der ihnen bis über den Schnabel fällt. Das findet nicht jeder schön, aber unter Truthennen gilt: Je länger, desto toller!

6. NACKTSCHNECKEN sind nicht nur nackt, sondern auch obdachlos! Sie haben kein Schneckenhaus, in das sie sich zurückziehen können.

7. DER XOLO ist ein Nackthund aus Mexiko. Er war schon den Azteken bekannt und könnte sogar zu den ältesten Hunderassen der Welt gehören. Ist dir aufgefallen, dass sich der Xolo im Namen Axolotl verbirgt? Das ist kein Zufall! Beide Tiere werden mit Xolotl, dem aztekischen Gott der Unterwelt, in Verbindung gebracht.

8. DIE SPHYNX-KATZE aus Kanada war ursprünglich ein Unfall der Natur und wurde von Menschen mit Katzenhaarallergie begeistert weitergezüchtet. Sie ist aber nur als Wohnungskatze geeignet – draußen bekommt sie schnell einen Sonnenbrand.

STREIFEN, FLECKEN, ZOTTELFELL:

TIERE IM PELZMANTEL

Das Haarkleid der Säugetiere schützt sie gegen Kälte, Sonnenbrand und Ungeziefer. Es hat genau die Dichte, die sie in ihrem jeweiligen Lebensraum brauchen – schließlich können sie es nicht einfach ausziehen, wenn ihnen zu warm wird. Einige unserer heimischen Waldtiere bekommen im Winter ein dickeres Fell und sogar eine andere Farbe, damit sie im kahlen Wald nicht auffallen. Andere Tiere haben ein extra auffälliges Muster, an dem du sie sofort erkennst, wie das Zebra. Wissenschaftler forschen schon lange nach dem Grund für seine Streifen. Manche glauben, sie dienten der Tarnung, weil dadurch die Umrisse verschwimmen. Andere halten sie für eine Art Klimaanlage wie auch das Netzmuster der Giraffen. Erwiesen ist bislang, dass das Streifenmuster Insekten fernhält.

FAULTIERE leben in Süd- und Mittelamerika in Baumkronen und bewegen sich möglichst wenig. Manche werden mit der Zeit grün! Das liegt an Algen, die sich im Fell ansiedeln. Weil Faultiere gern kopfüber hängen, verläuft der Haarscheitel auf dem Bauch statt auf dem Rücken.

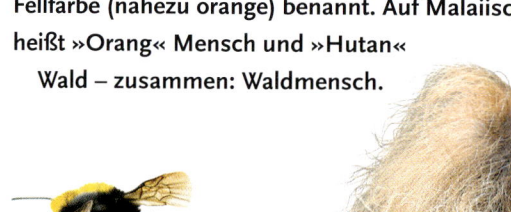

DER ORANG-UTAN ist nicht nach seiner Fellfarbe (nahezu orange) benannt. Auf Malaiisch heißt »Orang« Mensch und »Hutan« Wald – zusammen: Waldmensch.

DAS HERMELIN wechselt im Winter die Farbe. Nur blöd, wenn es gar nicht schneit.

DIE ROTKNIE-VOGELSPINNE sieht fast flauschig aus. Kuschele aber lieber nicht mit ihr! Auf ihrem Hinterleib sitzen Brennhaare, die sie auf Angreifer feuert – wie Harpunen!

Auch **HUMMELN** tragen einen wärmenden Pelzmantel. In der Welt der Insekten ist das ungewöhnlich: Insektenhaare sind für vieles nützlich, dienen aber selten als Kälteschutz. Oft sind sie Sinnesorgane.

GALERIE DER TOLLEN TIERFELLE

Jede GIRAFFE hat ein eigenes Fleckenmuster, das sich nie verändert.

① ② ③ ④ ⑤

DAS OKAPI ist ein seltsames Tier: Von hinten sieht es aus wie ein Zebra, aber es ist mit der Giraffe verwandt. Man nennt es auch Waldgiraffe.

1. DAS SCHWARZBUNTE RIND ist gar nicht bunt! Sein Fell hat nur zwei Farben: Schwarz und Weiß.

2. DEN TIGER erkennst du sofort an seinen Streifen. Schleicht er jedoch durchs Unterholz, ist er dank seiner Streifen kaum zu erkennen.

3. WILDSCHWEINKINDER, auch Frischlinge genannt, tragen ebenfalls ein gestreiftes Tarnkleid. Später werden daraus dunkle Borsten.

4. DER LEOPARD hat ringförmige Flecken. Der Jaguar, sein amerikanischer Verwandter, hat in der Mitte noch Punkte.

5. DER SCHWARZE PANTHER ist entweder ein Leopard oder ein Jaguar mit dunklem Fell. Wenn du genau hinsiehst, erkennst du die Flecken.

6. DEN EISBÄREN wärmt eine Fettschicht unter der Haut. Diese ist schwarz, denn dunkle Farben speichern Sonnenwärme besser als helle. Der Eisbärpelz ist in Wahrheit gar nicht weiß, sondern durchscheinend. So können die Sonnenstrahlen direkt zur Haut vordringen.

7. OTTER haben das kuscheligste Fell der Welt. Es schützt sie gegen Kälte und ist so dicht, dass die Haut sogar bei längeren Tauchgängen trocken bleibt.

⑥ ⑦

SPIEGEL, SCHLEIER, FEDERKRONE:

TIERE IM FEDERKLEID

Wenn die Federkleider der Vögel alle nebeneinander im Schrank hingen, hättest du eine riesige Auswahl für jeden Anlass! Es gibt elegante Abendkleider, knallbunte Partykostüme und unauffällige Tarnanzüge, dazu Schleppen, Schleier und Kronen. Die Mitglieder einer Vogelfamilie sehen nicht immer gleich aus. Oft tragen die Weibchen ein Tarnkleid (sie müssen das Nest schützen), während die Männchen ihr Prachtkleid aus dem Schrank holen. Nach der Familiengründung ziehen sie es wieder aus und schlüpfen in ihr Schlichtkleid. Vogelkinder wärmt ein Daunenstrampler, bevor sie ihr erstes Jugendkleid bekommen. Alle Vögel tragen übrigens Unterwäsche aus feinsten Daunenfedern.

DIE SCHNEEEULE hat sogar Federn an den Füßen – sie trägt Schneeschuhe! Die schützen sie vor Kälte und verhindern das Einsinken im Schnee.

KAKADUS können ihre Kopffedern aufstellen, wenn ihnen danach ist, zum Beispiel bei Aufgeregtheit, Verliebtheit oder Rivalitätskämpfen.

Diese Feder kennst du sicher! Sie gehört dem **BLAUEN PFAU**, genauer gesagt dem Männchen. Sein langer Schwanz gleicht einer Schleppe. Damit kann er ein Rad schlagen, um die Pfauendamen zu beeindrucken. Diese haben einen smaragdfarbenen Hals und tragen wie das Männchen eine Federkrone, sind ansonsten aber unauffällig gefärbt.

KLEIDERWECHSEL: Bevor der Pinguin zum Frackträger wird, muss er sich von seinen kuschelig warmen Babydaunen trennen. Er »mausert« sich. Das tun Vögel auch, wenn sie zur Paarungszeit in ihr Prachtkleid schlüpfen oder wenn ihr Gefieder abgenutzt ist.

Falls du einen **WELLENSITTICH** hast, findest du manchmal ausgefallene Brustfedern. Du kannst ihn gut bei der Gefiederpflege beobachten. Seevögel wie der Pinguin ölen dabei ihre Federn, damit sie wasserabweisend bleiben.

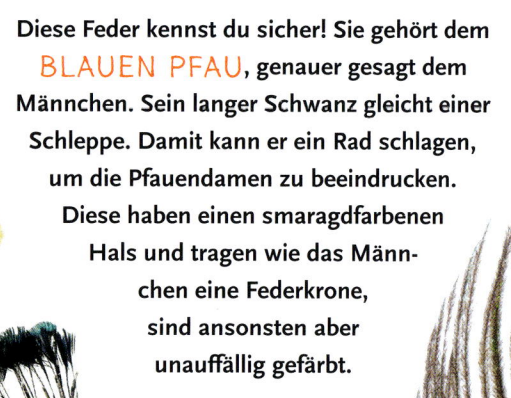

GALERIE DER FEDERKLEIDER

1. FLAMINGOS haben rosa Federn, weil sie gern Krebse fressen. Diese setzen einen roten Farbstoff frei, der sich im Gefieder ablagert.

2. DIE ELSTER sieht auf den ersten Blick schwarz-weiß aus, hat aber bunt schillernde Flügel- und Schwanzfedern.

3. DER BUNTSPECHT hingegen ist gar nicht bunt, sondern wirklich schwarz-weiß. Nur der Unterschwanz und ein Fleck im Nacken sind knallrot. Seine Flügelfedern erkennst du an den weißen Punkten.

4. RABEN sind pechschwarz. In Märchen und Gruselgeschichten werden sie oft mit dunkler Magie und Unheil in Verbindung gebracht. Völlig zu Unrecht! Sie sind schlau und erfinderisch und machen gern Späße.

5. EULEN haben sehr feine Federn. Ihr Gesichtsgefieder nennt man Schleier. Darin verbirgt sich ein phänomenales Gehör. Ihre Schwingen sind so konstruiert, dass die Eule geräuschlos fliegen kann!

6. ARAS sind knallbunt. Es gibt aber auch einfarbig blaue, grüne, gelbe und graue Papageien.

7. DAS TRUTHUHN wurde in Nordamerika schon von den Ureinwohnern als Nutztier gehalten. Aus seinen Federn fertigten sie Pfeile und Schmuck. Truthahn ist das traditionelle Festessen an Thanksgiving, dem US-amerikanischen Erntedankfest. Zur Tradition gehört auch, dass der Präsident der USA jedes Jahr einen Truthahn begnadigt.

8. SCHWÄNE sind in allem das Gegenteil des Raben: Mit ihrem schneeweißen Federkleid gelten sie als Symbol des Lichtes, der Reinheit und der Anmut. Eine Ausnahme bilden die schwarzen Trauerschwäne.

9. DER STOCKENTEN-ERPEL trägt am Schwanz Spezialfedern: die Erpellocken. In den Flügeln verstecken sich leuchtend blaue Federn. Das nennt man Flügelspiegel. Den haben auch die Weibchen, die ansonsten ein Tarnkleid tragen.

19

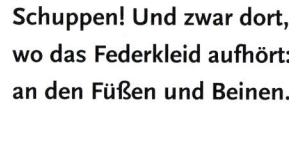

TIERE MIT SCHUPPEN

DER KOMODOWARAN

lebt auf der Insel Komodo und einigen Nachbarinseln in Indonesien. Er ist mit bis zu 3 m Länge die größte Schuppenechse und jagt auch große Huftiere.

DER STIRNLAPPEN-BASILISK bewohnt die

Regenwälder Mittelamerikas. Er wird auch Jesus-Christus-Echse genannt, weil er (kurz, aber immerhin!) übers Wasser laufen kann.

Bestimmt denkst du bei einem Schuppentier zuallererst an einen Fisch, stimmt's? Fischschuppen sehen aus wie Dachziegel. Sie sind gleichmäßig angeordnet und können hauchzart und winzig sein – oder so groß wie dein Ohr. Vielleicht denkst du bei einem Schuppentier aber auch direkt an ein Schuppentier! Dieses seltsame Säugetier kommt in Teilen Afrikas und Asiens vor und ähnelt am ehesten einem Gürteltier. Wenn es sich zusammenrollt und bewegungslos daliegt, sieht es aus wie ein ziemlich großer Tannenzapfen. Die Hornschuppen der Kriechtiere wiederum können ganz unterschiedliche Größen, Formen und Funktionen haben, je nach Lage am Körper. Schuppenkriechtiere erneuern regelmäßig ihre verhornte Haut – und schlüpfen dann aus der alten.

VÖGEL haben auch

Schuppen! Und zwar dort, wo das Federkleid aufhört: an den Füßen und Beinen.

DIE BUSCHVIPER ist

eine Baumschlange. Ihre Schuppen laufen spitz zu und sehen aus wie kleine Blätter.

DIE MEERECHSE ist ein Leguan, den

es nur auf den Galapagos-Inseln gibt. Sie hat eine gewisse Ähnlichkeit mit Godzilla. Als einzige Echse sucht sie ihr Futter im Meer. Danach muss sie sich aber erst mal stundenlang in der Sonne aufwärmen.

Der Star unter den Schuppentieren: DAS SCHUPPENTIER!

GALERIE DER SCHUPPENVIELFALT

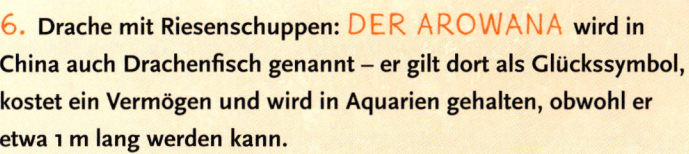

1. SCHMETTERLINGS-FLÜGEL sind mit winzigen Schuppen besetzt. Bei Berührung fallen sie sehr leicht ab, deshalb darfst du Schmetterlinge nicht anfassen.

2. CHAMÄLEONS zählen zu den schrillsten Typen im Tierreich. Sie können in kurzer Zeit ihre Farbe verändern, je nach Temperament und Temperatur. Wenn sie sich aufregen, überwiegen rote Farben, bei Entspannung grüne, und bei Verliebtheit werden manche knallbunt.

3. Diese feinen Schuppen gehören einem beliebten Speisefisch, der **FORELLE**. Sie sind so zart, dass man sie einfach mitessen kann.

4. DIE ROTFEDER ist ein Karpfenfisch. Ihre Schuppen sind recht groß und hart, deshalb muss man diesen Fisch vor der Zubereitung entschuppen.

5. Drache ohne Schuppen: **DER SEEDRACHE** ist ein Verwandter des Seepferdchens. Er braucht keine Schuppen, weil ihn ein Knochenpanzer schützt.

6. Drache mit Riesenschuppen: **DER AROWANA** wird in China auch Drachenfisch genannt – er gilt dort als Glückssymbol, kostet ein Vermögen und wird in Aquarien gehalten, obwohl er etwa 1 m lang werden kann.

Dieser Fisch heißt genauso, wie er aussieht: **TANNENZAPFEN-FISCH**. Seine großen Schuppen sind braun umrandet und mit je einem Stachel besetzt. Deshalb wird er auch Ananasfisch genannt. Er lebt in den Tiefen des Indopazifik und hat Leuchtorgane am Unterkiefer, mit denen er kleine Krebstiere anlockt.

SCHNAUZER, SPITZBART, LÖWENMÄHNE:

WILDE FRISUREN

Manche Tiere tragen so verrückte Frisuren, dass man sich nur ratlos am Kopf kratzen kann. Wozu braucht zum Beispiel eine Taube eine Mähne? Ganz einfach: Auch Tiere legen Wert auf Äußerlichkeiten. Fast immer sind es die Männer, die sich herausputzen und mit ihrer Schönheit um die Gunst der Damen buhlen. Dass Tierdamen auf solche Angeber abfahren, hat ganz rationale Gründe: Ein glänzendes Gefieder oder ein imposanter Bart sprechen dafür, dass der Kerl gesund ist und in Rivalitätskämpfen besser abschneidet. Und wenn sich der Vater ihrer Kinder erfolgreich durchsetzen kann, hat auch der Nachwuchs bessere Überlebenschancen. Manch haariges Merkmal hat sich allerdings gar nicht die Natur ausgedacht. So ist zum Beispiel die Zottelmähne des Hochlandrindes ganz zufällig bei der Züchtung entstanden. Wir sind also schuld, wenn das Rind nichts sieht!

PONYS sind die Namensgeber unserer Stirnfransenfrisur. Ihre Mähne schützt Pferde und Ponys vor lästigen Insekten.

DER LÖWE ist berühmt für seine wilde Mähne. Die tragen aber nur ausgewachsene Männchen, die sich den Chefposten im Rudel erkämpft haben. Die Mähne ist dabei Ausdruck ihrer Kraft und zugleich ein Schutz vor Prankenhieben.

DIE KRAGENTAUBE trägt Vokuhila – vorne kurz, hinten lang. Zumindest sieht es so aus. Man nennt sie wegen ihrer Federfrisur auch Mähnentaube.

Dieses **SCHOTTISCHE HOCHLANDRIND** muss offenbar zum Friseur – es sieht ja gar nichts!

DAS HAUSHUHN trägt einen »Kamm« auf dem Kopf. Den könnten manche seiner Verwandten gut gebrauchen, etwa dieses **HAUBENHUHN**.

Haushuhn

Haubenhuhn

GALERIE DER BÄRTIGEN

1. DER KAISERSCHNURR-BART-TAMARIN ist ein kleiner Kletteraffe aus Südamerika. Sein Entdecker dachte bei seinem Anblick an den damaligen deutschen Kaiser Wilhelm II., der einen ähnlich markanten Bart trug.

2. DAS BARTSCHWEIN lebt in Südostasien. Wozu sein Bart dient, weiß man nicht genau. Vielleicht, um die Warzen im Gesicht zu verdecken.

3. DIE BARTROBBE kommt nur in der Arktis vor. Gegen ihren eleganten Kräuselbart sieht das Walross mit seinem dicken Borstenschnauzer ziemlich alt aus.

4. DER STÖR hat vier sogenannte Barteln am Kinn. Es sind Sinnesorgane, mit denen er tasten und schmecken kann.

5. DIE BARTMEISE lebt dort, wo es viel Schilf gibt. Hat sich ein Paar erst mal gefunden, ist es meist unzertrennlich, egal, wie begeistert andere Vogeldamen vom Schnurrbart des Männchens sind.

6. DER ZIEGENBART ist auch bei Menschen angesagt. Das wäre vielleicht anders, wenn sie wüssten, wofür er beim Ziegenbock gut ist: Er benutzt ihn als Duftträger und beschmiert ihn mit seinem Urin.

7. DIE BARTAGAME lebt in Australien. Ihre spitzen Stacheln schrecken Fressfeinde ab.

8. DIE BRAZZAMEERKATZE ist eine Affenart aus Afrika. Ihr weißer Spitzbart sieht so gepflegt aus, als käme sie frisch vom Barbier!

9. DER SCHNAUZER ist eine deutsche Hunderasse. Es gibt Riesen-, Mittel- und Zwergschnauzer. Die kleinsten sind die draufgängerischsten.

PANZER, LANZE, TARNUMHANG

VERTEIDIGUNGSSTRATEGIEN

DER MARLIN ist ein Speerfisch und ein Verwandter der Schwertfische. Mit seiner Waffe kann er sich verteidigen oder Beutetiere betäuben, indem er damit zuschlägt. Zum Aufspießen benutzt er den Speer normalerweise nicht. Manchmal bohrt er sich aber versehentlich in Schiffe, wenn er in rasender Geschwindigkeit an der Wasseroberfläche entlangpflügt.

DER KUHFISCH sieht niedlich aus, wird aber so groß wie diese Buchseite! Er gehört zu den Kofferfischen, sein Körper ist durch einen Knochenpanzer geschützt. Außerdem kann er ein starkes Gift ins Wasser abgeben, das andere Fische tötet.

In der Tierwelt gibt es Jäger und Gejagte – und einige, die beides zugleich sind, wie Igel oder Marder. Jäger haben spitze Zähne und scharfe Krallen (Raubtiere), vergiften oder erdrosseln ihre Opfer (Schlangen) oder bauen Fallen (zum Beispiel Spinnen). Alles nicht schlecht, aber die Verteidigungsstrategien der Gejagten sind noch viel raffinierter! Gejagte folgen zuerst ihrem Fluchtinstinkt: Wittern sie Gefahr, rennen sie so schnell es geht davon. Wer kann, verschanzt sich in Panzern oder greift zur Waffe: Pferde schlagen mit harten Hufen aus, Igel stellen Stacheln auf und Ziegen bringen Hörner in Stellung. Andere versuchen, durch Tarnung möglichst wenig aufzufallen. Und manche Käfer stellen sich bei Gefahr tot. Den Preis für den besten Schauspieler bekommt das Opossum: Es spielt seinen Tod so überzeugend, dass es sogar nach Verwesung riecht!

Dieses **OPOSSUM** sieht mausetot aus, aber es tut nur so! Das kann es mehrere Stunden durchhalten. Wahrscheinlich schläft es dabei ein, es gehört nämlich zu den größten Schlafmützen der Welt. Opossums sind amerikanische Beutelratten, die etwa katzengroß werden.

DER PANZERGÜRTELSCHWEIF ist eine Wüstenechse aus Südafrika. Er ist nicht gerade der Schnellste. Kommt ein Angreifer vorbei, beißt er sich in den Schwanz und bildet so einen Ring aus stacheligen Schuppen.

IGEL, ASSEL, GÜRTELTIER:
Bei Gefahr heißt es: Aufrollen! Der Kugel-Trick klappt fast immer. Angreifer beißen sich die Zähne aus oder holen sich eine blutige Nase.

eingerollter Igel

Rollassel

Kugelgürteltier

GALERIE DER GEPANZERTEN

1. MUSCHELN sind Weichtiere, die sich mit einem Kalkgehäuse schützen. Sie haben sehr starke Schließmuskeln – Fressfeinde brauchen gute Tricks, um sie zu öffnen.

2. DAS NEUNBINDEN-GÜRTELTIER kann sich nicht einrollen, stattdessen rennt es zum nächsten Bau und verstopft den Eingang mit seinem gepanzerten Hinterteil wie ein Korken.

3. KROKODILE werden wegen ihres harten Schuppenpanzers auch Panzerechsen genannt. Im Gegensatz zu anderen Echsen häuten sie sich nicht, sondern bilden einfach zusätzliche Hornhautschichten.

4. SCHILDKRÖTEN haben einen Rücken- und einen Bauchpanzer. Manche Arten können beide Teile verschließen und sich komplett in ihrem Panzer verschanzen. Ein guter Schutz vor Feinden und wenn es zu heiß ist.

5. SCHNECKEN schützt ihr Haus auch gegen Austrocknen und Erfrieren. Im Winter vermauern sie den Eingang und bleiben zu Hause.

6. EINSIEDLERKREBSE haben keinen schützenden Rückenpanzer wie andere Krebstiere. Deshalb müssen sie sich eine Wohnung suchen und mehrmals umziehen, denn wenn sie wachsen, wird die alte Behausung zu klein.

7. DER PFEILSCHWANZ-KREBS ist ein lebendes Fossil – die Art ist schon uralt! Er läuft über den Meeresboden, kann seine Panzerschale aber auch wie ein Boot benutzen und sich an der Wasseroberfläche treiben lassen. Zur Paarungszeit geht er an Land und hinterlässt am Strand typische Spuren.

STACHELN, DORNEN, WIDERHAKEN:

MIT SPITZEN WAFFEN

DER SCHNABELIGEL

aus Australien sieht zwar aus wie ein Igel, ist aber keiner! Zusammen mit dem Schnabeltier bildet er die Gruppe der Kloakentiere – die einzigen Säugetiere, die Eier legen!

STACHELSCHWEINE

sind eigentlich friedliche Nagetiere. Doch wenn sie sich bedroht fühlen, stellen sie ihre Stacheln auf. Hilft das nicht, rennen sie rückwärts auf den Angreifer zu und rammen ihm die Stacheln in die Schnauze.

Zu den berühmtesten Stacheltieren gehört der Igel. Jeder kennt ihn. Deshalb hat er einige Namensvettern, die gar nicht mit ihm verwandt sind, wie den Seeigel oder den Igelfisch. Es gibt aber noch andere Tiere, die sich mit Stacheln wehren. Wer sich mit einem Urson anlegt, wird sich noch Wochen später die Pfoten lecken. Seine feinen, mit Widerhaken besetzten Stacheln sind nur schwer zu entfernen. Das afrikanische Stachelschwein hat dagegen sehr große Stacheln. Früher dachte man, es würde sie wie Speere auf seine Angreifer feuern. Das stimmt zwar nicht, aber es kann passieren, dass sich ein Stachel in die Nase eines unwissenden Löwen bohrt und darin stecken bleibt. Manche Tiere besitzen nur einen einzigen Wehrstachel. Der ist meist viel gefährlicher, weil er Gift injiziert.

DER IGELFISCH wirkt

auf den ersten Blick völlig harmlos. Doch plötzlich wird die vermeintlich leichte Beute zur stacheligen Kugel! Der überraschte Angreifer überlegt es sich dann anders. Trotzdem ist der Igelfisch gefährdet, weil manche Touristen ihn ausgestopft mit nach Hause nehmen wollen.

DER DORNTEUFEL

trottet durch die australische Wüste zur nächsten Ameisenstraße. Er liebt Ameisen! Sein Fressrekord liegt bei einer Ameise pro Sekunde. Droht Gefahr, erstarrt er und hofft, dass ihn keiner sieht. Offenbar sind seine Dornen nur Show.

Auch **DER STREIFENTENREK** hält Angriff für die beste Verteidigung – zumindest dann, wenn es für Fluchtversuche eindeutig zu spät ist. Er stellt seine Nackenstacheln auf und hüpft dem Feind ins Gesicht! Der Streifentenrek ist eines von vielen verrückten Tieren, die nur auf Madagaskar vorkommen.

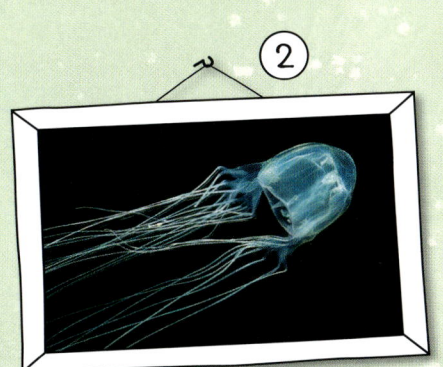

1. WESPEN stechen mit ihrem Gift-
stachel zu, wenn sie sich bedroht fühlen.
Gefährlich ist ihr Gift nicht – außer
sie erwischen dich am Hals oder du
reagierst allergisch.

2. DIE SEEWESPE hingegen ist
sogar tödlich! Die hochgiftige Würfel-
qualle kommt in den Küstengewässern
Australiens vor.

3. STACHELROCHEN haben
einen Stachel am Ende ihres langen
Schwanzes. Ihr Stich ist sehr schmerz-
haft. Das Gift einiger Arten ist auch für
den Menschen lebensbedrohlich.

4. Falls du schon mal aus Versehen auf
einen **SEEIGEL** getreten bist, weißt
du Bescheid: Die Stacheln sind schwer
zu entfernen und verursachen Entzün-
dungen. Wo ein Seeigel ist, sind meist
mehrere, denn sie rücken tagsüber eng
zusammen.

**5. DER EICHENPROZESSIONS-
SPINNER** ist ein harmloser Nachtfalter, doch seine Raupen verteidigen sich
mit giftigen Brennhaaren. Das Gift kann
bei Menschen schwere allergische Reak-
tionen auslösen.

6. SKORPIONE stechen mit ihrem
Stachelschwanz blitzschnell zu. Nicht
alle Arten sind gefährlich, aber einige
zählen zu den giftigsten Tieren der Welt.

DER URSON ist ein Baumstach-
ler, ein Stachelschwein aus Nordamerika. Er sieht eigentlich ganz
kuschelig aus, aber der Schein trügt:
Er besitzt an die 30.000 mit Widerhaken besetzte Stacheln, die sich tief
in die Haut bohren. Meist flieht der
Angreifer schon, wenn der Urson nur
mit seiner Schwanzkeule wedelt.

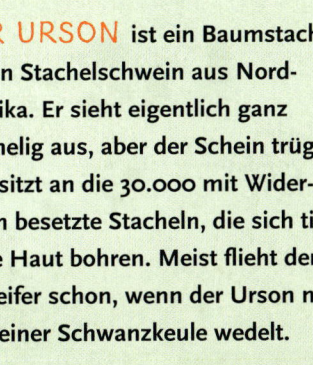

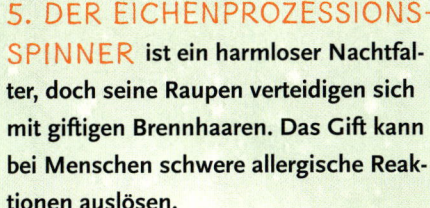

DER ROTFEUERFISCH
gehört zu den Skorpionfischen. Alle
aus dieser Familie haben hochgiftige
Strahlenflossen. Während die meisten
Arten am Meeresboden leben und jagen,
schwimmen Feuerfische herum und
treiben ihre Beute vor sich her.

SCHRAUBE, HELM, PERÜCKE:

STIRNWAFFEN-TRÄGER

DER DOPPELHORN-VOGEL ist ein Nashornvogel aus Asien. Sein luftgefülltes Horn bildet einen prima Verstärker, um lauter rufen zu können!

DAS DICKHORNSCHAF
aus Nordamerika wäre beinahe von Trophäenjägern ausgerottet worden. Heute steht es in vielen Regionen unter Schutz.

DER HELMKASUAR
ist ein australischer Laufvogel. Forscher sind inzwischen ziemlich sicher, dass sein Horn gar kein Schutzhelm ist, sondern eine Klimaanlage.

Als Stirnwaffen bezeichnet man die Hörner und Geweihe der Tiere. Hörner wachsen ein Leben lang weiter. Im Laufe der Jahre wird aus einem kleinen Hörnchen ein großer Kringel, eine Schraube oder ein gefährlicher Spieß. Die Männchen tragen damit Duelle aus, um herauszufinden, wer der Stärkste ist. Das ist wie Armdrücken, nur mit der Stirn. Hörner sind aber auch Klimaanlagen und Sinnesorgane. Deshalb tragen weibliche Ziegen und Rinder ebenfalls welche. Bei den Geweihträgern ist das anders: Hirsch- und Elchkühe haben keins. Je größer ein Horn oder Geweih, umso geachteter ist das Tier in der Gruppe. Und gleichzeitig gefährdeter, denn es gibt immer noch Menschen, die die Tiere wegen ihrer Stirnwaffen jagen.

Wozu die **HORNVIPER** ihre Hörner nutzt, weiß keiner. Auf jeden Fall sind es keine echten Hörner, sondern umgebildete Schuppen.

DIE SCHRAUBENZIEGE ist das Nationaltier Pakistans, wo sie in den Bergen lebt. Sie heißt auch Markhor, was auf Persisch »Schlangenfresser« bedeutet. Seltsam, denn sie frisst nur Gras und Blätter.

Wenn du auf der Weide eine hornlose **KUH** siehst, stimmt etwas nicht. Auch weibliche Rinder haben von Natur aus Hörner. Manche Bauern entfernen sie. Die Tiere brauchen sie aber zum Abkühlen und um sich miteinander zu verständigen.

Ob das **JACKSON-CHAMÄLEON** wohl ein Nachfahre des Triceratops ist? Es hat drei Hörner!

GALERIE DER DUELLANTEN

1. ZIEGENKINDER üben das Kopfdrücken schon, wenn ihre Hörner noch gar nicht richtig ausgebildet sind. Wie viel Kraft ein kleines Zicklein hat, kannst du im Streichelzoo herausfinden.

2. DER KAFFERNBÜFFEL aus Afrika sieht auf den ersten Blick so aus, als würde er eine altmodische Perücke tragen. Es handelt sich aber eindeutig um massives Horn und eine gefährliche Waffe. Bei den Weibchen ist es kleiner und im Scheitel wachsen Haare.

3. Beim **NASHORNDUELL** geht es um die Frage: Wer hat das größte Horn? Darum geht es leider auch beim Kampf Nashorn gegen Mensch. Die Tiere werden immer noch gejagt, weil manche glauben, das Horn hätte Wunderkräfte. Nashörner sind deswegen vom Aussterben bedroht!

4. HIRSCHGEWEIHE sind keine Hörner – sie fallen im Winter ab und wachsen im Frühjahr nach. Im Herbst ist das Geweih schöner und größer als je zuvor, dann ruft der Hirsch mit lautem Röhren zum Duell. Es kann passieren, dass die Tiere sich im Kampf verheddern.

5. GIRAFFENHÖRNER sind behaarte Knochenzapfen. Bei Männchen sind die Haarbüschel durch die Kämpfe meist abgewetzt. Ihre Hauptwaffe ist aber der lange Hals. Damit holen sie aus und braten dem anderen eins über wie ein Schwinger beim Boxen. Manchmal geht einer dabei tatsächlich k.o.

Diese beiden **NASHORN- KÄFER** haben sich eine ziemlich kleine Kampfarena ausgesucht ... Forscher vermuten, dass es auch Männchen ohne Horn gibt, die sich als Weibchen tarnen und so das Duell vermeiden. Fragt sich, ob die Damen den Schwindel bemerken.

BLÄTTER, BLÜTEN, ZWEIGE:

KARNEVAL DER TIERE

DAS INDISCHE BLATT

ist ein tropischer Schmetterling. Seine Oberseite leuchtet blau und orange, von unten sieht er aus wie ein vertrocknetes Blatt. Manche Exemplare haben sogar Schimmelflecken.

Verkleidest du dich gern? Es gibt ja Leute, die sich nur ein grünes T-Shirt anziehen und behaupten, sie wären ein Blatt. Andere basteln so lange an ihrem Kostüm, bis es täuschend echt aussieht. Beides gibt es auch in der Natur. Ein grünes Tier ist zwischen Blättern gut getarnt, solange es keine hektischen Bewegungen macht. Ein Tier, das wie ein Blatt aussieht und sich bei einem Windstoß passend bewegt, ist unsichtbar! Geheimagenten könnten sich hier einiges abgucken. Vor allem für wehrlose Tiere mit vielen Fressfeinden geht es aber ums Überleben: Tarnung ist ihr einziger Schutz. Deshalb sehen manche Schmetterlingsraupen aus wie Vogelkot und andere wie Teile der Pflanze, auf der sie leben. Den Trick mit der Tarnung wenden natürlich auch einige Jäger an.

DAS WANDELNDE BLATT

ist nur eine von vielen Erscheinungsformen der Gespensterschrecken. Dazu gehören auch die Stabheuschrecken, die aussehen wie dünne Äste.

DIE DEKORATEUR-KRABBE

hat einen ganz besonderen Tarntrick: Sie schmückt ihren Körper mit Algen und Korallen, bis sie selbst kaum mehr zu erkennen ist.

DIE ORCHIDEENMANTIS

ist eine tropische Fangschrecke und Verwandte der Gottesanbeterin. Sie lauert nicht einfach nur gut getarnt in Blüten. Sie tut so, als wäre sie selbst die Blüte!

DER MOOSFROSCH

aus Vietnam ist absolut unsichtbar, wenn er reglos auf einem bemoosten Felsen hockt. Frösche sind ganz allgemein Meister der Tarnung. Du siehst sie meist erst, wenn sie vor deiner Nase herumhüpfen.

GALERIE DER UNSICHTBAREN

1. TINTENFISCHE wie die Sepia können ihre Farbe der Umgebung anpassen und fast komplett mit dem Untergrund verschmelzen.

2. DAS REHKITZ hat weiße Flecken im Fell. So verschwimmen seine Konturen und es ist am Waldboden gut getarnt. Außerdem hat es keinen Eigengeruch.

3. DER GEISTERPFEIFEN-FISCH tut so, als wäre er eine Alge. Diese lustigen Fische sind mit den Seepferdchen verwandt.

4. DIE HORNVIPER lebt in der Wüste. Tagsüber verbuddelt sie sich im Sand und wird so fast unsichtbar.

5. DIE KRABBENSPINNE lauert in Blüten auf ihre Beute und nimmt deren Farbe an – sie kann weiß, gelb oder grün werden.

6. + 7. SCHMETTERLINGS-RAUPEN: Links siehst du die Raupe des Beifuß-Mönchs. Sie ernährt sich von der gleichnamigen Pflanze und sieht genauso aus! Rechts tut eine Spannerraupe so, als wäre sie ein Ast.

8. DER MONDVOGEL ist ein Nachtfalter. Seinen Namen hat er von den hellen, runden Flecken an den Flügelspitzen. Wenn er die Flügel anlegt, sieht er aus wie ein abgebrochener Ast.

Woher **DER BLATTSCHWANZGECKO** seinen Namen hat, siehst du hier ganz deutlich. Der Schwanz kann aber auch ganz andere Formen haben. Hauptsache unauffällig.

31

SCHLABBERN, SCHLINGEN, SCHNABULIEREN

DIE ESSGEWOHNHEITEN DER TIERE

AMEISEN-BÄREN suchen mit ihrer langen, klebrigen Zunge nach Ameisen und Termiten.

Du hast sicher ein Lieblingsgericht, stimmt's? Aber kannst du dir vorstellen, überhaupt nichts anderes zu essen? Manche Tiere haben sich auf eine einzige Nahrung spezialisiert. Entweder, weil sie genau dafür ausgerüstet sind, wie etwa der Ameisenbär. Oder, weil das Futter massenhaft vorhanden ist und kein Konkurrent es wegschnappt, wie beim Panda. Wenn sich die Lebensbedingungen ändern und die Nahrung knapp wird, haben solche Tiere ein Problem. Allesfresser wie Füchse, Ratten oder Krähen erobern dagegen ganz leicht neue Lebensräume. Viele Tiere sind aber weder das eine noch das andere. Sie haben Vorlieben und nutzen auch das Angebot. Trotzdem bleibt ein Raubtier immer ein Jäger und ein Weidetier stets Vegetarier. Und ein Sammler würde selbst im Schlaraffenland Vorräte anlegen.

HAMSTER legen bei jeder Gelegenheit Vorräte an, sicher ist sicher! Sie stopfen sich die Hamsterbacken voll und deponieren die Beute in Vorratskammern. Manche Menschen verhalten sich ähnlich – sie »hamstern«.

DER GROSSE PANDA hat zwar ein Raubtiergebiss mit spitzen Fangzähnen, frisst aber trotzdem immer nur Bambus. Davon muss er so viel futtern, dass für nichts anderes mehr Zeit bleibt. Außer zum Schlafen.

DER BUCKELWAL ist wie die meisten großen Wale zahnlos. Dafür besitzt er feine Barten. Das sind lange, dünne Hornplatten, mit denen er Krill und Schwarmfische in großen Mengen aus dem Wasser filtert.

MISTKÄFER verbinden das Angenehme mit dem Nützlichen: Sie arbeiten als Müllabfuhr und Reinigungsfirma, denn sie lieben Kot – aber nur den von Pflanzenfressern. Am liebsten ganz frisch und saftig!

GALERIE DER SPEZIALZUNGEN

1. HUNDE benutzen ihre feuchte Schlabberzunge als Klimaanlage. Wenn sie hecheln, kühlen sie sich ab.

2. DIE EISBÄRZUNGE sieht aus, als würde das Tier sich von Blaubeeren ernähren. Die gibt es in der Arktis aber nicht. Wahrscheinlich kommt die violette Farbe von durchschimmernden Blutgefäßen – die Eisbärzunge ist sehr stark durchblutet. Wie beim Hund dient sie zum Abkühlen.

3. KATZEN haben eine ganz raue Zunge. Damit waschen sie sich und bürsten ihr Fell.

4. CHAMÄLEONS schleudern ihre klebrige Lassozunge blitzschnell heraus und schnappen sich damit nichts ahnende Insekten.

5. SCHNECKEN raspeln Blätter im Nullkommanix weg! Ihre Zunge ist mit tausenden winziger Zähne besetzt.

6. GIRAFFEN können mit ihrer langen Greifzunge hoch oben wachsende Blätter pflücken, an die sonst keiner herankommt. Oder sich damit die Augen reiben.

7. DER MALAIENBÄR aus Südostasien nascht gern den Honig wild lebender Bienen. Dafür ist seine lange Zunge äußerst praktisch!

8. SCHLANGEN nehmen mit ihrer gespaltenen Zunge die Umgebung wahr. Wenn sie »züngeln«, fangen sie Duftstoffe auf, die sie am Gaumen auswerten.

9. DER BLAUZUNGEN-SKINK streckt Angreifern die Zunge heraus. Die blaue Farbe erschreckt Fressfeinde so sehr, dass sie davonlaufen.

10. DIE GEIERSCHILD-KRÖTE benutzt ihre Zunge als Köder. Sie tut so, als wäre diese ein Wurm, und lockt auf diese Weise Fische an.

KESCHER, MEISSEL, ANGELHAKEN:

WIE DER SCHNABEL GEWACHSEN IST

④

③

②

①

Der Schnabel ist das Essbesteck der Vögel und einiger anderer Tiere. So wie du für dein Essen unterschiedliches Besteck benutzt – ein Messer zum Schneiden, einen Löffel zum Schaufeln, eine Gabel zum Spaghetti aufdrehen –, ist auch der Schnabel der Vögel unterschiedlich geformt. Je nachdem, was sie am liebsten essen. Es gibt lange und kurze, dicke und dünne, spitze und runde, gerade und gebogene Schnäbel. Und dazu noch allerlei Sonderformen. Schnäbel sind auch nützliche Werkzeuge, vor allem beim Nestbau. Damit beschaffen die Vögel Baumaterial und konstruieren raffinierte Bauwerke. Übrigens haben Vögel eine Zunge, aber keine Zähne. Was sich mit dem Schnabel nicht zerkleinern lässt, wird einfach heruntergeschlungen.

Auch SCHILDKRÖTEN haben einen Schnabel! Besonders ausgeprägt ist er bei den Meeresschildkröten.

DER BRILLENPELIKAN hat mit etwa 50 cm Länge den größten Schnabel! Pelikane nutzen ihn als Kescher: Der Unterschnabel bildet den Ring für einen Kehlsack, in den jede Menge Fische reinpassen.

DER SCHUHSCHNABEL ist ein afrikanischer Schreitvogel mit einem sehr großen und breiten Schnabel. Beim Fischen hat er immer nur einen Versuch – danach muss er erst mal sein Gleichgewicht wiederfinden.

DAS SCHNABELTIER aus Australien sieht aus wie eine Mischung aus Ente, Biber und Otter. Es hat nicht nur einen Schnabel – es legt auch Eier! Trotzdem zählt es zu den Säugetieren. Ist das nicht verrückt? Sein Schnabel ist aber nicht so hart wie ein Vogelschnabel, sondern weich und ledrig.

1. DER FICHTENKREUZ-SCHNABEL hat gekreuzte Schnabelspitzen. Das ist genau die richtige Schnabelform, um Samen aus Fichtenzapfen zu holen.

2. SPECHTE können mit ihrem kräftigen Schnabel trommeln, hämmern und meißeln. Darum haben sie einen Schalldämpfer im Kopf.

3. DER AUSTERNFISCHER liebt Muscheln. Mit seinem Schnabel bohrt er nach ihnen und hebelt ihre Schale auf.

4. PAPAGEIEN benutzen ihren Schnabel zum Klettern, Obstschälen, Nüsseknacken und für vieles mehr.

5. GÄNSE und Enten haben einen breiten Schnabel. Er funktioniert wie ein Filter: Über die Lamellen am Rand läuft das Wasser ab.

6. DER NIMMERSATT ist ein afrikanischer Storch. Er frisst alles, was ihm in den Schnabel kommt. Sobald dieser ein Beutetier berührt, schnappt er reflexartig zu.

7. DER LÖFFLER löffelt keine Fischsuppe – er ertastet mit dem Löffel seine Beute. Dann wirft er sie hoch, fängt und verschlingt sie.

8. DER SÄBELSCHNÄBLER schwingt seinen Säbel durch das flache Wasser und wirbelt dabei Beutetiere auf, die dann leichter zu fangen sind.

9. DER GELBSCHNABEL-TOKO aus Afrika wird auch »Fliegende Banane« genannt. Mit seinem gebogenen Schnabel jagt er Käfer und Eidechsen. Manche Tokos benutzen ihn auch zum Graben.

10. FLAMINGOS filtern ihre Nahrung aus dem Wasser, haben aber eine tolle Zusatztechnik: Schnabel unter Wasser halten und ganz schnell drum herumrennen. So entsteht ein Strudel, der Beute aufwirbelt.

11. DER PAPAGEIENTAUCHER kann auf Vorrat Fische sammeln! Er drückt einen nach dem anderen mit der Zunge gegen den Oberschnabel. Dort sitzen kleine Dornen – wie Angelhaken.

12. DER RIESENTUKAN lebt in Mittelamerika und benutzt seinen großen Schnabel als Saftpresse. Er liebt Früchte! Forscher haben sich lange gefragt, warum der Tukan nicht vornüberfällt. Des Rätsels Lösung: Die Schnabelwände enthalten Luftkammern.

13. SCHERENSCHNÄBEL haben tatsächlich einen Schnabel wie eine Schere. Er ist scharfkantig und oben kürzer als unten. Mit dem Unterschnabel pflügt dieser Seevogel im Flug durchs Wasser und schnappt zu, sobald ein Fisch darauf liegt.

BEISSEN, REISSEN, KNABBERN:

ZÄHNE ZEIGEN!

ELEFANTEN können mit ihren Stoßzähnen Baumstämme hochheben. Deshalb werden sie in Asien als »Waldarbeiter« eingesetzt.

Tiere benutzen ihre Zähne nicht nur zum Abbeißen und Kauen, sondern auch als Waffe und Werkzeug. Einige Tierarten sind für ihre Stoßzähne berühmt, allen voran die Elefanten. Leider bestehen sie aus einem Material, für das Menschen viel Geld bezahlen: Elfenbein. Der Afrikanische Elefant ist deshalb bereits vom Aussterben bedroht! Stoßzähne entwickeln sich aus Eckzähnen. Diese heißen bei den Raubtieren Fangzähne, denn sie packen damit ihre Beute. Viele Säugetierbabys haben Milchzähne genau wie du. Sie wechseln die Zähne, sobald die Muttermilch versiegt. Manche Elefanten bekommen sogar fünfmal im Leben neue Backenzähne! Und bei Pferden dauert es fast fünf Jahre, bis ihr Gebiss vollständig ist.

DAS FLUSSPFERD frisst Pflanzen, die es mit den Lippen pflückt. Seine großen Hauer braucht es nur zur Verteidigung. Früher lebten Flusspferde auch im Nil, doch Elfenbeinjäger haben sie ausgerottet.

DER NARWAL wird auch »Einhorn des Meeres« genannt, doch sein gedrehtes Horn ist in Wirklichkeit ein Stoßzahn. Forscher haben herausgefunden, dass der Wal ihn nicht als Waffe benutzt, sondern als Sinnesorgan. Er kann damit unter anderem die Wassertemperatur messen.

NAGETIERZÄHNE wachsen einfach immer weiter. Deshalb müssen Nagetiere ständig knabbern. Dabei feilen sie die Zähne ab.

DAS WALROSS benutzt die Stoßzähne wie Skistöcke, wenn es über Eisschollen robbt.

WILDSCHWEINE haben im Ober- und Unterkiefer verlängerte Eckzähne. Man nennt sie Hauer. Sie sind auch bei den weiblichen Tieren (Bachen) vorhanden, aber viel kleiner.

GALERIE DER SCHARFZÄHNE

1. DELFINE sind Zahnwale. Manche Arten haben bis zu 268 gleichmäßig geformte Zähne. Damit sind sie Rekordhalter unter den Säugetieren!

2. DER BEUTELTEUFEL kommt nur auf der australischen Insel Tasmanien vor. Wenn er sich aufregt, werden seine Ohren knallrot. Er kann sehr stark zubeißen.

3. DER WEISSE HAI verliert bei der Jagd oft Zähne, aber das macht nichts. Die Zähne wachsen in Reihen hintereinander nach. Man nennt das Revolvergebiss.

4. Wenn DER ALLIGATOR zuschnappt, ist der Arm ab! Er hat die größte Beißkraft nach dem Weißen Hai. Das Aufklappen des Maules hingegen ist für ihn eine enorme Kraftanstrengung. Deshalb lässt er sein Maul häufig in Ruhephasen einfach offen.

5. DER BIBER fällt mit seinen eisenharten Zähnen ganze Bäume. Das Eisen steckt im Zahnschmelz und färbt die Zähne knallorange.

6. DIE BUSCHVIPER hat zwei nadelspitze Giftzähne, die wie eine tödliche Spritze wirken.

7. HYÄNEN können mit ihren Reißzähnen sogar harte Knochen knacken. Die Reißzähne sitzen hinten im Maul. Sie sind besonders groß und scharf.

8. KAMELE haben oben nur eine Kauleiste, dafür wachsen die unteren Zähne ständig nach! Manchmal schief ...

9. PFERDE fressen vor allem Gras. Durch die Pflanzensäfte werden ihre Zähne mit der Zeit immer brauner. Pferdeexperten erkennen an den Zähnen, wie alt ein Pferd ungefähr ist.

10. DER LÖWE gehört zu den Landsäugetieren mit der höchsten Beißkraft. Manche glauben, der König der Tiere würden sich von den Weibchen versorgen lassen und gar nicht selbst jagen. Das stimmt so nicht. Aber meist beschaffen die Löwenmütter das Futter. Von ihrer Beute fressen nacheinander alle – und das Familienoberhaupt darf beginnen.

TASTEN, SCHNUPPERN, OBSERVIEREN

DIE SINNESLEISTUNGEN DER TIERE

DER ROTFUCHS entwickelte sich zum Nachttier, weil er früher sehr viel gejagt wurde. Dank seiner hervorragenden Sinne konnte er sich problemlos an die Dunkelheit anpassen. Mittlerweile streunt er auch wieder tagsüber umher, aber nur, wenn er keine Jäger fürchten muss.

Es gibt fünf Sinne: Sehen, Hören, Riechen, Schmecken und Tasten. Wir Menschen verlassen uns vor allem auf unsere Augen und verlieren im Dunkeln die Orientierung. Erst wenn der Sehsinn ausgeschaltet ist, können wir uns besser auf unsere anderen Sinne konzentrieren. Blinde Menschen können sogar lernen, mit den Händen zu »sehen«: Indem sie einen Gegenstand ertasten, machen sie sich ein Bild davon. Viele Tiere sind nachts unterwegs, weil dann weniger los ist. Sie orientieren sich vor allem an Gerüchen und Geräuschen und erkunden die Umgebung mit ihren empfindlichen Tasthaaren. Manche Nachttiere können aber auch im Dunkeln sehr gut sehen. Ihre Augen sind so aufgebaut, dass sie so viel Licht wie möglich einfangen.

MÄUSE haben jede Menge Feinde, deshalb suchen viele Arten den Schutz der Dunkelheit. Blöd nur, dass auch Mäusejäger nachts unterwegs sind ...

KATZEN orientieren sich mithilfe ihrer langen Tasthaare. Außerdem können sie im Dunkeln sehr gut sehen – dank einer Spiegelschicht hinter der Netzhaut. Sie reflektiert und verstärkt das Licht.

FLEDERMÄUSE fliegen und jagen nach Gehör: Sie stoßen hohe Töne im Ultraschallbereich aus und lauschen dem Echo – so können sie blitzschnell berechnen, wo sich ein Hindernis, ein Feind oder ein Beutetier befindet.

GALERIE DER NACHTAKTIVEN

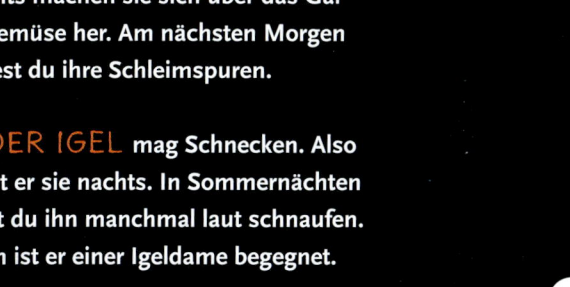

1. EULEN hören, wie eine Maus unter der Erde durch die Gänge huscht! Mit ihren großen Augen können sie nachts sehr gut räumlich sehen, aber nicht seitlich. Dafür können sie ihren Kopf sehr weit nach hinten drehen.

2. KOBOLDMAKIS leben in Südostasien und sind mit den Affen verwandt. Wie Eulen können sie ihren Kopf sehr weit drehen. Mit ihren Glubschaugen sind sie Rekordhalter: Unter den Säugetieren haben sie im Verhältnis zum Körper die größten Augen.

3. FRÖSCHE müssen aufpassen, dass ihre Haut nicht austrocknet. Deshalb dösen viele Arten tagsüber im feuchten Schatten vor sich hin. In Frühsommernächten kannst du ihren Konzerten lauschen.

4. DER WASCHBÄR erinnert mit seiner schwarzen Maske an einen Räuber, wenn er nachts auf Beutejagd geht. Dabei folgt er seiner feinen Nase und nutzt vor allem seinen ausgeprägten Tastsinn. Immer häufiger triffst du ihn in Städten an, wo er viel Futter findet.

5. DAS GLÜHWÜRMCHEN ist eigentlich ein Käfer. Aber nur das Männchen kann fliegen. Das Weibchen sendet vom Boden aus Leuchtzeichen und wartet auf Antwort der Männchen.

6. SCHNECKEN mögen es feucht. An heißen Tagen bleiben sie zu Hause. Nachts machen sie sich über das Gartengemüse her. Am nächsten Morgen findest du ihre Schleimspuren.

7. DER IGEL mag Schnecken. Also sucht er sie nachts. In Sommernächten hörst du ihn manchmal laut schnaufen. Dann ist er einer Igeldame begegnet.

8. DER DACHS baut tagsüber seine unterirdische Burg aus. Nachts geht er mit seiner Schnüffelnase gemütlich auf Nahrungssuche. Er mag am liebsten Regenwürmer.

FERNGLAS, ZEITLUPE, NIXBLICKER:

SCHAU MIR IN DIE AUGEN!

DER MAULWURF ist nicht blind, sieht aber wirklich sehr schlecht. Das macht nichts, denn unter der Erde sieht man sowieso nichts. Er verlässt sich lieber auf seine gute Nase und auf seinen Tastsinn.

Bei **REGENWÜRMERN**, dem Lieblingsessen des Maulwurfs, suchst du die Augen vergeblich. Dennoch können sie »sehen«, zumindest hell und dunkel – und zwar über lichtempfindliche Hautzellen.

SCHNECKEN haben Stielaugen, die leider wenig nützen. Meist bemerken sie Hindernisse erst, wenn ihre Augenfühler dagegenstoßen.

Tiere sehen die Welt mit anderen Augen. Sie haben Glubschaugen, Knopfaugen, Facetten- oder Stielaugen. Viele sehen weniger Farben als wir, manche mehr. Hunde und Katzen sind farbenblind, dafür unterscheiden sie mehr Grautöne. Bienen sehen auf Blüten ultraviolette Muster und der Mäusebussard erkennt die Urinspuren seiner Beute. Froschaugen sind Bewegungsmelder. Was sich nicht bewegt, nehmen sie nicht wahr. Nagetiere sind kurzsichtig und Greifvögel extrem weitsichtig. Bei manchen Tieren sitzen die Augen seitlich am Kopf. Das schafft Rundumblick, schränkt aber das räumliche Sehen ein. Man sieht nur dort in 3D, wo sich das Sichtfeld beider Augen überschneidet. Probier es aus und halt dir ein Auge zu!

SCHLANGEN haben keine Augenlider – du weißt also nie, ob eine Schlange wach ist oder schläft! Manche Arten wie diese mexikanische Palmotter verfügen über einen sechsten Sinn: Ihr Grubenorgan (das Loch zwischen Nasenloch und Auge) funktioniert wie eine Wärmebildkamera.

Diese **LIBELLE** starrt dich mit ihren Pupillen an. Oder? Reingefallen! Die Libelle hat gar keine Pupillen – ihre Facettenaugen setzen sich aus vielen Einzelaugen zusammen. Es sieht nur wie Pupillen aus, weil sie hier ihre Sehkraft bündelt.

Anders als Schnecken sehen **STIELAUGEN-FLIEGEN** alles, was um sie herum geschieht, noch dazu in Zeitlupe! Jedenfalls im Vergleich zu uns Menschen. Unsere Bewegungen sind aus ihrer Sicht sehr langsam, deshalb sind Fliegen so schwer zu fangen.

GALERIE DER BESTECHENDEN AUGEN

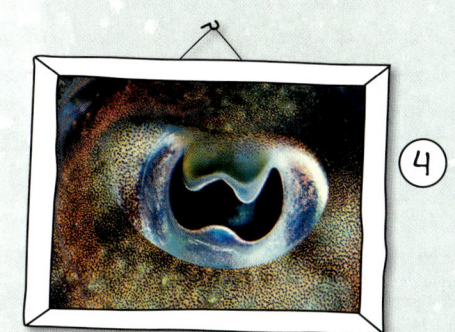

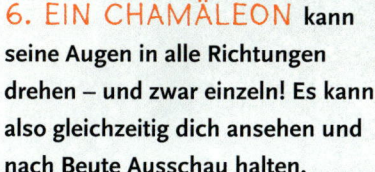

1. SPRINGSPINNEN haben acht Augen, die sich über den Kopf verteilen – perfekter Rundumblick!

2. VIERAUGEN sind Flachwasserfische. Ihre Augen sind geteilt – so können sie gleichzeitig über und unter Wasser sehen, was los ist.

3. Wenn **KROKODILE** im Wasser lauern, ragen ihre Augen heraus. Beim Tauchen schiebt sich ein durchsichtiges Lid über die Pupille und ermöglicht das Sehen im Wasser.

4. DIE SEPIA, ein Tintenfisch, kann mit ihrer w-förmigen Pupille gleichzeitig nach vorn und zur Seite scharf sehen.

5. DER ROTAUGENLAUB-FROSCH vermittelt mit seinen Glubschaugen in Warnfarbe den Eindruck, er wäre ungenießbar. Manchmal ist Verstecken aber besser. Dazu kann der Frosch eine Art Vorhang über die Augen ziehen.

6. EIN CHAMÄLEON kann seine Augen in alle Richtungen drehen – und zwar einzeln! Es kann also gleichzeitig dich ansehen und nach Beute Ausschau halten.

7. DER TOKEH ist ein nachtaktiver Gecko. Das erkennst du an seiner schmalen, senkrecht gezackten Pupille. Tagsüber schützt sie ihn vor Blendung, nachts weitet sie sich und kann viel Licht einfangen.

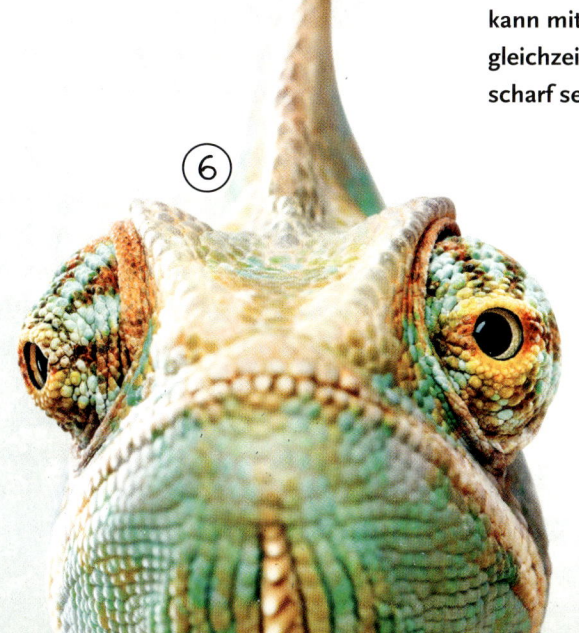

Greifvögel wie dieser **WEISSKOPFSEEADLER** können in weiter Ferne eine Maus messerscharf erkennen. Dafür bräuchtest du ein sehr gutes Fernglas!

LAUSCHER, LÖFFEL, PINSELOHR:

ALLE MAL HERHÖREN!

Wenn dein Hund die Ohren spitzt und Richtung Tür dreht, hört er vielleicht den Postboten, der um die Ecke biegt. Du hörst ihn erst, wenn er an der Tür klingelt. Hunde können auch hohe Töne im Ultraschallbereich wahrnehmen – wie Fledermäuse, Delfine, Ratten und Insekten. Tiefe Töne außerhalb unserer Wahrnehmung nennt man Infraschall. Damit verständigen sich Elefanten und Blauwale. Wale haben Ohren? Ja, sehr gute sogar. Du kannst sie nur nicht sehen. Es gibt verschiedene Möglichkeiten, wie der Schall ins Gehirn gelangt. Trichterohren haben sich nur bei den Landsäugetieren durchgesetzt. Sie sind nicht nur zum Hören nützlich, sondern dienen auch als Klimaanlage. Über die Hautoberfläche gibt der Körper Wärme ab, deshalb haben Tiere in heißen Gegenden oft große Ohren.

DAS BRAUNE LANGOHR ist eine kleine Fledermaus mit Riesenohren – sie sind fast so lang wie ihr Körper! Mit diesen Superlauschern fängt sie das leiseste Echo ein und hört sogar Käfer tapsen.

DER AFRIKANISCHE ELEFANT kann sich mit seinen Riesenohren abkühlen und Luft zufächeln. Sein Verwandter in Asien braucht so eine Klimaanlage nicht, denn er lebt in schattigen Wäldern. Deshalb hat er kleinere Ohren.

DER LÖFFELHUND lebt in der Savanne und ist ein Verwandter des Wüstenfuchses. Seine großen Ohren sind die perfekte Abhöranlage für Termiten, seine Lieblingsspeise!

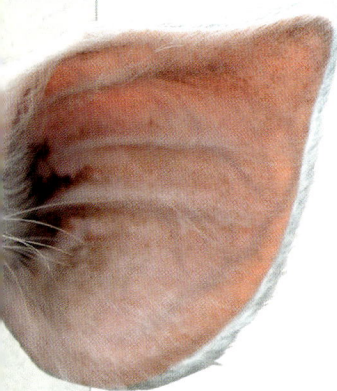

Auch ganz schön groß: die Ohren der **SCHWEINE**. Da Schweine nicht schwitzen, sind Abkühlohren hilfreich. Schweine hören sehr gut, vor allem hohe Töne.

DER FELDHASE ist ständig auf der Flucht. Er braucht eine Alarmanlage. Seine großen Lauscher – auch Löffel genannt – kann er einzeln bewegen und in alle Richtungen drehen.

GALERIE DER (SCHEINBAR) OHRLOSEN

Dieses Puschelohr gehört dem KOALA.

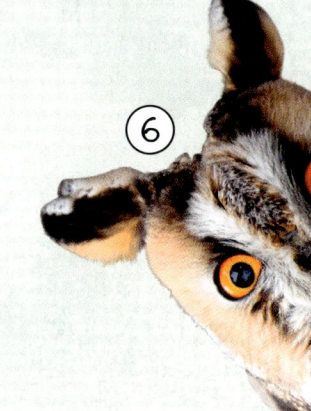

1. DER GOLDFISCH hasst Lärm. Wenn es ihm zu laut wird, verschließt er seine Ohren. Wo die sind? Du kannst sie nicht sehen – Außenohren würden beim Schwimmen stören.

2. GRILLEN haben keine Ohren am Kopf, hören aber trotzdem – mit dem Knie!

3. FRÖSCHE hören nur, was wichtig ist, nämlich die Rufe ihrer Artgenossen und die Geräusche ihrer Fressfeinde. Alles andere geht zum einen Ohr rein und zum anderen wieder raus.

4. TAUBEN sind gar nicht taub! Sie hören sogar sehr gut, besonders tiefe Töne, die wir Menschen gar nicht wahrnehmen.

5. SCHLANGEN sind tatsächlich taub. Trotzdem »hören« sie, wenn sich ein Angreifer oder Beutetier nähert: Sie spüren selbst kleinste Erschütterungen im Boden.

6. DIE WALDOHREULE hört ausgezeichnet, aber nicht mit den »Ohren« auf dem Kopf. Wozu die gut sind, weiß keiner. Die echten Ohren sitzen etwa auf Augenhöhe, wobei das eine etwas höher liegt. Dadurch hört die Eule quasi in 3D.

Auch **ESEL** sind Fluchttiere. Das flauschige Fell schützt ihre empfindlichen Ohren vor Schmutz und Insekten.

DER LUCHS ist berühmt für seine Pinselohren, die wie Antennen funktionieren: Sie fangen den Schall ein und leiten ihn in die Ohren.

DAS NASHORN sieht schlecht, hört aber umso besser – dank seiner Röhrenohren, die es in alle Richtungen drehen kann.

45

DER ELCH kann mit seiner Supernase sogar die Entfernung eines Geruches bestimmen. Sie ist zudem eine Heizung: Im Winter wärmt sie die Atemluft, bevor diese in die Lungen gelangt.

TAPIRE haben einen ausfahrbaren Rüssel. Beim Schwimmen und Verstecken im Wasser dient er ihnen als Schnorchel.

KNOLLE, RÜSSEL, FEINE NASE:
ICH KANN DICH RIECHEN!

Sich vor einer Mücke zu verstecken, ist völlig sinnlos: Sie kann dich riechen! Aber nicht mit ihrem Rüssel. Ihre Geruchsrezeptoren sitzen auf den Fühlern. Der Elefant hingegen kann mit seinem Rüssel sehr gut riechen! Auch andere Tiere haben Rüssel. So nennt man alle Nasen, die besonders beweglich sind. Füchse können mit ihrer feinen Nase sogar Spuren »lesen«: Es riecht nach umgeknicktem Grashalm? Aha! Jemand ist in der Nähe! Der Geruchssinn spielt auch eine wichtige Rolle bei der Partnerwahl. Sogar wir Menschen folgen dabei unserer Nase, doch wir lassen uns leicht von künstlichen Düften täuschen. Wenn Tiere sich einparfümieren, benutzen sie ihren eigenen Duft. Den verwenden sie auch, um ihr Revier zu markieren. Deshalb pinkeln Hunde an Bäume. Ameisen legen Duftspuren zur Kommunikation – so entstehen Ameisenstraßen.

DER ELEFANTEN-RÜSSEL ist für vieles nützlich, zum Beispiel zum Greifen, Tasten und Duschen. Er ist aber auch ein super Riechorgan! Forscher glauben, dass Elefanten sogar besser riechen können als Hunde.

Die Knollennase des **NASENAFFEN** ist reine Angeberei. Beim Essen ist sie sogar völlig unpraktisch. Aber sie ist ein guter Verstärker: Der Affe kann so lauter brüllen.

Beim **SEE-ELEFANTEN** funktioniert das noch besser: Er kann seine Rüsselnase aufblasen. Bei den Revierkämpfen in der Paarungszeit kann die Lautstärke alles entscheiden! Und natürlich die Größe der Nase.

See-Elefant

Nasenaffe

GALERIE DER SUPERNASEN

1. DIE WEICHSCHILDKRÖTE heißt auf Englisch pig-nosed turtle: Schweinsnasenschildkröte. Mit dem Rüssel spürt sie auch im trüben Wasser Beute auf.

2. DER STERNMULL ist ein Maulwurf aus Nordamerika. Mit seiner Tentakelnase ertastet und untersucht er in rasender Geschwindigkeit mögliche Beutetiere.

3. DER AAL ist Weltmeister in Sachen Geruchssinn! Auf seinen Wanderungen geht es immer der Nase nach.

4. WALE sind nicht für ihren Geruchssinn berühmt, aber für ihre Atemfontänen. Ihre Nasenlöcher sitzen am höchsten Punkt des Kopfes. So muss der Wal zum Atmen nicht komplett auftauchen.

5. HAIE riechen Blut. Schon ein winziger Tropfen reicht. Bewegt ein Hai den Kopf hin und her, ermittelt er die Richtung, aus der der Geruch kommt.

6. Diese tropische Baumnatter wird wegen ihrer spitzen Schnauze **BAUM-SCHNÜFFLER** genannt. Riechen kann sie damit aber nicht. Schlangen leiten Duftstoffe mit der Zunge zum Gaumen. Dort sitzt das eigentliche Riechorgan: Es heißt Jacobson-Organ.

7. HUNDE werden nicht ohne Grund von Polizisten als Spürnasen eingesetzt. Sie können verschüttete Menschen aufspüren, aber auch Drogen und Sprengstoff erschnüffeln.

8. Auch der phänomenale Geruchssinn der **RATTEN** ist für uns Menschen hilfreich. Sie können gefährliche Landminen und sogar Krankheiten riechen. Ihren »Geruchsscanner« setzen sie natürlich zuallererst untereinander ein. So wissen sie immer genau Bescheid, wie es den anderen geht.

9. SCHWEINE sind ebenfalls Supernasen. Einen unterirdischen Trüffel – den teuersten Speisepilz der Welt – findet eine Sau ruckzuck, denn er riecht nach Eber. Sie wird dann allerdings sehr aufgeregt und rückt den Pilz ungern heraus.

10. DER NASENBÄR steckt seine bewegliche Nase überall rein: Er ist neugierig und ziemlich frech. Das finden zumindest die Südamerikaner, deren Vorratskammern er plündert.

REGISTER

BILDNACHWEIS & IMPRESSUM

Umschlaggestaltung von Andrea Köhrsen unter Verwendung folgender Bilder: (Hintergrund) 719production/adobe stock; (Hasenohr) Pavel Sazonov/ adobe stock; (Krebsschere) Sinisa Botas/adobe stock; (Maulwurf) Pixelmixel/adobe stock; (Hummel) rcfotostock/adobe stock; (Kaninchen von hinten) voren1/adobe stock; (Scherenschnabel) Arto Hakola/ shutterstock; (Blauzungenskink) ladyphoto/shutterstock; (Kamel) Alexandra Lande/shutterstock; (Elefantenrüssel) Matt Gibson/shutterstock; (Haubenhuhn) cynoclub/shutterstock; (Hochlandrind) True life photografy; (Geckofuß) Eric Isselee/shutterstock.

Mit Fotografien von: Naturfoto Hecker/Frank Hecker: S. 31 (Beifuß-Mönch)

adobestock: S. 34 (Schnabeltier) 169169; S. 11 (Strauß) Aaron Amat; S. 24 (Kugelgürteltier) Eastman Arts; S. 19 (Flamingo) Elzbieta Sekowska; S. 23 (Ziegenbock) eva_eva79; S. 20 (Vogelfuß) gallimago_media; S. 28 (Dickhornschaf) Galyna Andrushko; S. 35 (Flamingo) Henner Damke; S. 9 (Bär) ILYA AKINSHIN; S. 44 (Elch) imfotograf; S. 45 (Hund) kellyvandellen; S. 9 (Hund) ksena32; S. 23 (Schnauzer) ksuksa; S. 42 (Schwein) Lilifox; S. 35 (Tukan) lunamarina; S. 12 (Ente) Maren Winter; S. 10 (Bienenelfe) Melinda Fawver; S. 33 (Schlangenzunge) mgkuijpers; S. 20 (Buschviper), S. 24 (Panzergürtelschweif) mgkuijpers; S. 13 (Biber) milmed; S. 13 (Klammeraffe) Nick Fox; S. 10 (Flughund) panuruangjan; S. 19 (Buntspecht) plazaccameraman; S. 21 (Arowana) pomphotothailand; S. 24 (Rollassel) Ronny Hirschmann; S. 23 (Brazzameerkatze) seregraff; S. 29 (Nashornkäfer) smuay; S. 10 (Fliege) Ste2.0; S. 11 (Pinguin) Stefan Wolny; S. 28 (Doppelhornvogel) VICHAILAO; S. 10 (Libelle) Yaroslav Gnatuk; S. 17 (Hund) adogslifephoto; S. 7 (Kreuzspinne) Alexander Oganezov; S. 9 (Pferd) Alexia Khruscheva; S. 26 (Schnabeligel) Andrew; S. 23 (Kaiserschnurrbarttamarin) Anna Kucherova; S. 18 (Pfau) Anton84; S.8 (Landschildkröte) BlueOrangeStudio; S. 31 (Geisterpfeifenfisch) Brandelet Didier; S. 6 (Braunbär), S. 44 (Eule) byrdyak; S. 44 (Nasenaffe) Dan; S. 13 (Kuh) dejankl; S. 4 (Rotfuchs), S. 12 (Stinktier), S. 12 (Frosch), S. 13 (Eichhörnchen), S. 18 (Kakadu), S. 25 (Einsiedlerkrebs), S. 26 (Stachelschwein), S. 43 (Esel), S. 43 (Koala) Eric Isselee; S. 14 (Alpaka) grafikplusfoto; S. 7 (Tausendfüßler) Holger; S. 7 (Seestern) hulk82; S. 4 (Chamäleon) jagodka; S. 44 (See-Elefant) Jared; S. 6 (Seehund) Jenny Sturm; S. 29 (Nashornduell) JohanSwanepoel; S. 21 (Aurorafalter) johnann35micronature; S. 25 (Schildkröte) KissShot; S. 27 (Feuerfisch) Kletr; S. 25 (Weinbergschnecke) KMBI; S. 8 (Laubfrosch) krishnadasekm; S. 13 (Fuchs) leungchopan; S. 31 (Sepia) Magnus; S. 16 (Orang-Utan) Marcel Schauer; S. 9 (Elefant) mattiaah; S. 9 (Schwein) mattiaah; S. 31 (Rehkitz) mfotohaus; S. 33 (Weinbergschnecke) missizio01; S. 22 (Hahn) nataba; S. 14 (Schaf) nspooner; S. 17 (Leopard) praisaeng; S. 8 (Ente) schankz; S. 8 (Kamel) schankz; S. 34 (Papagei) Sergey Belov; S. 19 (Schwarzbunte Milchkuh) Sergii Shalimov; S. 4 (Fennek) Sevendeman; S. 17 (Tiger) Tatiana Morozova; S. 16 (Zebra) tr3gi; S. 41 (Springspinne) vpardi; S. 13 (Seepferdchen) whitcomberd; S. 8 (Strauß) yod77; S. 6 (Känguru) belizar; S. 6 (Schimpanse) Eric Isseleé; S. 7 (Oktopusarm) Vittorio Bruno; S. 36 (Zahnwal) Christian Musat; S. 42 (Braunes Langohr) Guccio_55; S. 27 (Wespe) kozorog; S. 27 (Seewespe) pure-life-pictures; S. 29 (Hirschduelle) shaftinaction; S. 32 (Bartenwal) Solvin Zankl

istockphoto: S. 8 (Blaufußtölpel) JPaulB; S. 9 (Gorillafuß) Trevorplatt; S. 14 (Nilpferd) namibelefant; S. 17 (Seeotter) FRANKHILDEBRAND; S. 33 (Malaienbär) badins; S. 41 (Chamäleon) SensorSpot; S. 41 (Rotaugenfrosch) Mark Kostich

shutterstock: S. 20 (Schuppentier) 2630ben; S.33 (Giraffenzunge) 3plusX; S.38 (Fledermaus) Agami Photo Agency; S. 45 (Sternmull) Agnieszka Bacal; S. 14 (Kragenechse) Ais Qocak; S. 15 (Nacktschnecke) ajt; S. 21 (Goldfeder) Aleksandar Mijatovic; S. 27 (Diadem-Seeigel) Aleksandr Andrushkiv; S. 19 (Rabe) Alexander Cher; S. 37 (Kamel) Alexandra Lande; S. 37 (Löwe) Alta Oosthuizen; S.4 (Gespenstschrecke) Andrew Burgess; S. 25 (Panzerkrokodile) anery; S. 43 (Frosch) Angel Dibilio; S. 10 (Mauersegler) Anna Astakhova; S. 4 (Koala) Anna Levan; S. 29 (Ziegenkinder) Anneka; S. 31 (Krabbenspinne) Anucha Cheechang; S. 30 (Orchideen-Mantis) Art65395; S. 14 (Kaiserpinguin) Attila Vanyo; S. 28 (Schraubenziege) Bernd Schmidt; S. 7 (Muschelfuß) Bhitakongse Lee; S. 35 (Löffler) Bildagentur Zoonar; S. 32 (Panda) Bryan Faust; S. 24 (Marlin) bulentevren; S. 30 (Kallima-Falter) Butterfly Hunter; S. 33 (Chamäleonzunge) Cathy Keifer; S. 43 (Nashorn) Cathy Withers-Clarke; S. 32 (Hamster) CezaryKorkosz; S. 43 (Goldfisch) Chaikom; S. 45 (Wal) Circumnavigation; S. 34

(Fichtenkreuzschnabel) clarst5; S. 18 (Schneeeule) Coatesy; S. 35 (Nimmersatt) Conservation Photojournalism; S. 21 (Schmetterling) Cornel Constantin; S. 26 (Dornteufel) crbellette; S. 11 (Schwalbenfisch) Daniel Huebner; S. 35 (Säbelschnäbler) DaniloDjekovic; S. 11 (Seefledermaus), S. 23 (Bartrobbe) Danita Delmont; S. 10 (Morphofalter) davemhuntphotography; S. 38 (Katze) Davorin Baloh; S. 18 (Welli Gefiederpflege) digidreamgrafix; S. 6 (Grashüpfer) Dmytro Khlystun; S. 20 (Meerechse), S. 34 (Austernfischer) Don Mammoser; S. 28/29 (Milchkuh) E.O.; S. 35 (Gans) Elke Kohler; S. 11 (Kiwi), S. 12 (Kaulquappe), S. 13 (Eidechse), S. 17 (Schwarzer Panther), S. 17 (Giraffe), S. 17 (Okapi), S. 21 (Forelle), S. 26 (Igelfisch), S. 27 (Urson), S. 30 (Moosfrosch), S. 40 (Maulwurf), S. 43 (Schlange), S. 43 (Luchs) Eric Isselee, S. 4 (Polarfuchs) Erni; S. 42 (Löffelhund) Etienne Outram; S. 5 (Eichhörnchen) everst; S. 18 (Pfauenfeder) Evgeniya Moroz; S. 20 (Basilisk) Fierce Orchid; S. 45 (Schwein) FooTToo; S. 43 (Taube) Frank Cornelissen; S. 16 (Hermelin) Frank Fichtmueller; S. 41 (Vierauge) gallimaufry; S. 8 (Vogelfang), S. 19 (Ente Flügelfeder) Gallinago_media; S. 35 (Gelbschnabeltoko), S. 34/35 (Pelikan) Gaston Piccinetti; S. 33 (Katzenzunge) Gayala; S. 45 (Aal) GeraldRobertFischer; S. 41 (Sepia) Gerry Bishop; S. 19 (Elsterfeder) Geza Farkas; S. 15 (Axolotl) Has Asatryan; S. 25 (Neunbindengürteltier) Heiko Kiera; S. 40 (Schnecke) Henrik Larsson; S. 28 (Hornviper) Horia Bogdan; S. 31 (Spannerraupe) Hugh Lansdown; S. 5 (Trampeltier) Iakov Filimonov; S. 31 (Mondvogel) IanRedding; S. 23 (Bartagame) ifong; S. 39 (Glühwürmchen) Igor Krasilov; S. 37 (Hyäne) J NATAYO; S. 34 (Specht) James Pintar; S. 21 (Chamäleon) Jason Mintzer; S. 24 (Opossum) Jay Ondreicka; S. 36 (Keiler) Jeffrey B. Banke; S. 19 (Stockerpel) Jeffry Weymier; S. 5 (Austernfischer) Jocelyn Watts; S. 37 (Pferd) Joerg Huettenhoelscher; S. 42 (Feldhase) John Michael Vosloo; S. 44 (Tapir) Jonah Goh; S. 36 (Elefant) JONATHAN PLEDGER; S. 37 (Hai) Julian Gunther; S. 11 (Papageientaucher) Julian Popov; S. 7 (Küchenschabe) KAMONRAT; S. 27 (Stachelrochen) kazikazikazik; S. 45 (Baumschnüffler) KobchaiMa; S. 10 (Flugdrache) kongsak sumano; S. 5 (Insekten+Blume) Kovalchuk Oleksandr; S. 28 (Helmkasuar) Kris Wiktor; S. 15 (Sphynxkatze) Kucher Serhii; S. 38 (Fuchs) Kucherov Pavel; S. 15 (Xolo) Kuznetsov Alexey; S. 39 (Uhu) l i g h t p o e t; S. 7 (Schnecke) LFRabanedo; S. 41 (Krokodil) Loz Morgan; S. 25 (Muschel) Luis Lavos; S. 39 (Igel) Lukasz Walas; S. 22 (Pony) Marcin Kadziolka; S. 9 (Koalapfote) Marianne Purdie; S. 39 (Dachs) Mark Caunt; S. 38 (Motte) Martin Pelanek; S. 43 (Grille) Martin Pelanek; S. 5 (Buckelwal) martin_hristov; S. 27 (Raupe phocoderma velutina) Mathisa; S. 16 (Faultier) Matthieu Gallet; S. 16 (Rotknie-Vogelspinne) Mirek Kijewski; S. 23 (Stör), S. 24 Kuhfisch, S. 23 (Bartmeise) Miroslav Hlavko; S. 6 (Ochsenfrosch) Mirya Wildlife; S. 29 (Giraffenduell) Morgens Trolle; S. 18 (Bauchfeder Wellensittich) nadtytok; S. 45 (Nasenbär) Natalia Golovina; S. 10 (Albatros), S. 34 (Schuhschnabel) Natalia Paklina; S. 43 (Waldohreule) Nataliia Melnychuk; S. 19 (Truthahn) nbiebach; S. 15 (Nacktmull) Neil Bromhall; S. 21 (Chamäleon) Nick Henn; S. 38 (Maus) Nik Werner; S. 36 (Flusspferd) nis vanarin; S. 37 (Biber) Noska Photo; S. 9 (Katzentatze) oksana2010; S. 33 (Eisbärzungezunge) olga_gl; S. 30 (Dekorateurskrabbe) orlandin; S. 27 (Eichenprozessionsspinner) P.Engelen; S. 9 (Faultierkrallen) Parkol; S. 32 (Ameisenbär) Pascale Gueret; S. 45 (Weißkopfseeadler) Patric Froidevaux; S. 31 (Hornviper) Paul Vinten; S. 30 (Wandelndes Blatt) Pentium5; S. 39 (Schnecke) Petr Bonek; S. 8 (Krokodilfuß) photobar; S. 39 (Koboldmaki) PhotoBarmaley; S. 15 (Truthahnhals) photomaster; S. 40 (Libelle) Piatek; S. 6 (Kranich) Piotr Krzeslak; S. 13 (Elefant) Pisit Rapitpunt; S. 44/45 (Weichschildkröte) pitcharee; S. 36 (Nagetier) Puttinan Inchan; S. 5 (Libelle) Romacho; S. 19 (Schwan) Ratikova; S. 26 (Streifentenrek), S. 28 (Jackson-Chamäleon), S. 33 (Geierschildkröte), S. 37 (Buschviper), S. 40 (Grubenschlange) reptiles4all; S. 42 (Elefantenohr) Rich Carey; S. 24 (Igel) Rosa Jay; S. 33 (Hund) Roxana Gonzalez; S. 27 (Skorpion), S. 32 (Mistkäfer), S. 35 (Papageientaucher) Rudner Zwerver; S. 14/15 (Mantelaffen) Sandip Raninga; S. 23 (Bartschwein) Schlegelfotos; S. 34 (Schildkröte) scubadesign; S. 41 (Tokeh-Gecko) Sebastian Janicki; S. 11 (Teufelsrochen), S. 20 (Waran) Sergey Uryadnikov; S. 14 (Goldfisch) S-F; S. 39 (Laubfrosch) Simmi Photography; S. 37 (Alligator) Somluck Rungaree; S. 9 (Waschbärpfote), S. 45 (Ratte) Sonsedeska Yuliia; S. 21 (Seedrache) Ste Everington; S. 19 (Ara) Super Prin; S. 37 (Beutelteufel) Susan Flashman; S. 18 (Pinguin Mauser) Tetyana Dotsenko; S. 21 (Tannenzapfenfisch) think4photop; S. 25 (Pfeilschwanzkrebs) Tiago M Nunes; S. 39 (Waschbären) Tony Campell; S. 17 (Frischling) Torsten Lorenz; S. 15 (Feuersalamander) Traktirman; S. 22 (Kragentaube) Treetree2016; S. 13 (Buckelwalfluke) Trevor Scouten; S. 36 (Walross) tryton2011; S. 40 (Stielaugenfliege) TuanTranPG; S. 37 (Delfin) tubuceo; S. 31 (Blattschwanzgecko) Valt Ahyppo; S. 19 (Truthahn) veleknez; S. 25 (Schildkrötenpanzer) Viktor Loki; S. 15 (Oktopus) Vladimir Wrangel; S. 5 (Giraffe), S. 6 (Feldhase) Volodymyr Burdiak; S. 45 (Hai) wildestanimal; S. 7 (Regenwurm) yevgeniy11; S. 29 (Kaffernbüffelduell) Yongyut Kumsri; S. 12 (Gorilla) spiks; S. 22 (Löwe) Calvin Booker Photography

MIX
Papier aus verantwortungsvollen Quellen
FSC® C084279
www.fsc.org

Gedruckt auf chlorfrei gebleichten Papier

© 2020, Franckh-Kosmos Verlags-GmbH & Co KG, Stuttgart
Alle Rechte vorbehalten
ISBN 978-3-440-16896-7
Redaktion: Teresa Baethmann
Text, Konzeption und Gestaltung: Andrea Köhrsen
Produktion: Verena Schmynec
Druck und Bindung: Print Consult GmbH, München
Printed in Slovakia / Imprimé en Slovaquie

Unser gesamtes lieferbares Programm und viele weitere Informationen zu unseren Büchern, Spielen, Experimentierkästen, DVDs, Autoren und Aktivitäten findest du unter **kosmos.de**